福音書を哲学する

キリスト教会の誕生とイエスの教え

八木雄二
Yuji Yagi

春秋社

はじめに

キリスト教の聖典、「バイブル」（聖書）には、紀元前までにユダヤ人に伝えられた旧約聖書（一般に三九巻とされる）と、キリスト・イエスの誕生以降を記した新約聖書がある。そして新約聖書には、イエスの生涯と活動を記した「福音書」（ゴスペル）[1]と呼ばれるものが四編と、おもにパウロの使徒生活を記した「使徒言行録」、パウロを含め、イエスの弟子たち（使徒）が記した二一編の手紙、ほかに恐ろし気な預言を記した「黙示録」（アポカリュプス）が含まれている。

そしてキリスト教の聖書は、次のような歴史に沿って作品が並んでいる。

神がこの宇宙を造り、最初の人間アダムとエバが楽園を追放され、アブラハムが部族を連れて都市を離れ、様々な苦難の末に神が約束した土地に居留する、云々、という旧約聖書が描く歴史があった末に、アレキサンダー大王によって拡張したヘレニズム（ギリシア文化）の影響を受けて、ついにユダヤ教の存続が危うくなった。ローマの統治のもと、ユダヤ教を保持するエルサレム神殿を中心に、サドカイ派、パリサイ派、エッセネ派、等々の宗派が生まれ互いに批判し合う状況の中、洗礼者（バプテスマの）ヨハネとイエスの活動があった。しかし二人は続いて処刑された。特にイエスの凄惨な死刑を受けて、弟子たちが集い、イエスの教えを伝承する集まりが生まれた。そこにパウロが加わり、伝道が軌道に乗り、キリスト教はユダヤ教から離れて迫害を受けながら都市ローマにまで伝えられた。

しかし、聖書の文書はこの歴史に沿ってその都度書かれたものではない。何も知らずに読めば書いた順番も同じだろうと思ってしまう。文書が書かれた順番は、事実の順番ではない。同じ一つの作品でも、全体が一人の人の手で一挙に書かれたのではなく、のちに同じ人か、あるいは他の人によって、除かれた部分や書き足された部分がある。聖書は、過去を大切に記録しようという意図で書かれたというより、むしろ部族ないし集団が他者から身を守り集団を発展させるための「武器」だったのではないかと思われる。

新約聖書に関しては、使徒の手紙が先に書かれていて、四編の福音書はその後に書かれた。いささか大雑把な言い方をすれば、使徒の手紙に書かれた使徒たちの考えのもとにキリスト教会が誕生し、そのキリスト教会のもとで、聴き伝えられていたイエスの言行が福音書に書き留められた。そのように見て、読まなければならない。

何も知らずに聖書を読むと、まるでイエス・キリストの言行が記された福音書が先にあって、福音書のもとに使徒（弟子たち）が集い、キリスト教会ができたように思われてしまう。事実は逆なのである。

ギリシア語で「使徒」とは、イエスの教えを受けて、それを伝道するために「派遣された人」を意味する。ところがその使徒は、イエスの教えを理解してイエスの教えを伝道したのではない。むしろイエスの教えを「聞いて」いただけで、理解していたのではない。使徒たちは決して優れた理解力を持った弟子ではなく、意外に凡人であり、ただひたすら「イエスがキリストである」ことばかり伝道したらしい。じっさい福音書によると、ほかでもないイエス・キリストを信じないことがこの世の罪だという（ヨハネ16：9）。したがって使徒はイエスの「教え」を伝道したのではない。イエスが最初に弟子を誘ったときのことを、福音書（以下、聖書からの引用は基本的に新共同訳（一九八七年）による）はつぎのように伝えている。

さて、イエスがガリラヤの海辺を歩いておられると、二人の兄弟、すなわち、ペテロと呼ばれたシモンとその兄弟アンデレが、海に網を打っているのをごらんになった。彼らは漁師であった。イエスは彼らに言われた。「わたしについて来なさい。あなたがたを、人間をとる漁師にしてあげよう」。すると、彼らはすぐに網を捨てて、イエスに従った。（マタイによる福音書〔以下、マタイ〕4：18－20）

すなわち、シモンもアンデレも、イエスの教えを聴いたことで弟子になったのではない。おそらく二人とも、イエスの語ったことのほとんどを、右から左へ聞き流していた。彼らはイエスが安息日に会堂で教えることで人々から受け取ったお金のおこぼれに与っていただけだったと思われる。福音書に記されたイエスのことばは、イエスが亡くなったあと、うろ覚えにあった数少ない彼らの記憶が書き留められたに過ぎないと思われる。福音書は、その記憶の断片とともに、弟子たちの思いから生まれたいくつかの物語を加えて、伝道が成功し始めたのち、文書作成のために必要な財が教会に貯まり、文書を作る能力をもつ者の手で、その後に書かれた。

これが意味することは、福音書の内容は、イエスの教えそのままではなく、使徒の手紙に書かれた「キリスト教会」（イエスをキリストと信じる使徒たちの集まり）がもつに至った「思想」によって、手が加えられ、編集され彩色されている、ということである。そして文中のそれがどこか、またどの程度までか、もはや正確に切り取ることはかなわない。

さらに、東アジアの島国に生活している人間にとって、海の向こうに広がる大陸の、はるか西の端近辺で盛んになったユダヤ教、キリスト教という名の宗教を理解することは、さまざまな理由でむずかしい。そもそも宗教は、「信ずる思い」という主観を中核としているために客観的な形が見えない代物である。客観的に知識として理解しようとすると、大変むずかしいことになる。宗教の理解には、文化の違いが大きく関わってしまう。

ただし文化は違っても同じ人間のすることには類似のこともある。たとえば日本でも、古代の日本の歴史については、『日本書紀』、『古事記』、『大鏡』などがある。それぞれ書いた人の視点から書かれているとは分かっていても、書く人の立場に信頼できる権威があると見て、わたしたちは通常、それを読むほかない。完全に客観的な「歴史」があるのではない。同じく、ユダヤに伝わる旧約聖書にも彼らにとっての「歴史」が書かれている。それは常に神との関係が意識された栄光の歴史と言える。それはユダヤ人が信ずべき歴史であって、どこが、あるいは、どこまでが事実であったかは、分からない。

しかしまた、慕われていた有名人の死や、災害・事故、その他の原因で多数の人々の死があれば、その死を多くの人が悼み、形はさまざまかもしれないが、追悼の儀式が行われるのは、現代でも世界共通である。宗教に依ってそれぞれ葬式の在り方は違うけれど、たいていの宗教がこの「追悼の儀式」を大切にしている。ユダヤ教は、「モーセ」という名に寄せた大預言者を慕い、民族の英雄として追悼している。モーセだけでなく、英雄ダビデも、預言者エリアも、追悼している。キリスト教も、十字架上で死んだイエスを追悼している。

わたしたちにも多くの人たちを追悼してきた歴史がある。使用してきた針や箸などの物品すら追悼してきた歴史がある。しかしわたしたちには死者の「復活」を考える文化はない。わたしたちは、いっとき、魂が残るかもしれないと思う。そしてそれが有名人の非業の死であったとき、死んだ人の恨みがこの世に残り、祟りがあるのではないかと恐れる。そのために、碑を建て、拝む。これによって死んだ人の魂がわたしたちを恨むことはなくなると信じ、その後、その魂が穏やかになったと信じたあかつきには、その霊に自分たちの生活の守護を願う。これが、わたしたちが有名人の死者に対して懐く一般的信心である。

イエスは、死後にキリスト（救世主）とされた有名人である。彼の十字架上の死は、非業の死だった。ただ、彼は三日目に復活したとされている。死後に残った魂が恨みを残しているとは考えられていない。むしろ「聖霊」という「愛」を、わたしたちに残してくれたと信じられている。キリスト教の信仰とわたしたちの信仰との間には、このような明らかな違いがある。しかしわたしたちがキリスト教を理解するとき、人の死を悼むという、わたしたちにも共通の思いがあることは、見落とすべきではない。

宗教理解の混乱は、このように一部共通で、残りの部分に特定の土地の人々にだけ共通な文化が影響していることから起こる。

たとえばわたしたちが先に挙げたキリスト教の聖典を読んでみると、どのように受け取ればいいか分からなくなることばに出合う。事実、旧約聖書の「レビ記」には、「罪を贖う」という訳文が出て来る。「あがなう」とは、直接には何かを「買い取る」ことを意味する。金、銀、その他、価値の等しいものに代えて、欲しいものを手に入れることである。類似のことばで「罪を償う」とも言う。そして「レビ記」では、牛や羊の肉を祭壇で「焼く」(屠る)ことで、人の罪を償うことができると言われている。すなわち、大切な宝である雄牛や羊を神に捧げること、すなわち、それらを祭壇で焼き尽くすことで、神から自分たちの罪(戒律破り)の赦し、あるいは、自分たちが求めている願いが、聞き届けられるという。

日本には、稲などの穀物を、「供物」と言って、神に捧げる文化はある。したがって日本人にも、神への「感謝のしるし」を示す祭儀がある。それを考えれば、肉食の文化が濃いユダヤで、動物の肉を神に捧げることは理解できる。しかし、それによって「人の罪」が「赦される」という発想は、日本では聞かない。ところが、この発想がないと、イエスが十字架に掛かって死んだ事実が、じつはキリスト教会の原点にあることが理解できない。

というのも、その事実に対するキリスト教による意味付けが、「人の罪の償いのため」だからである。すなわち、キリスト教会は、イエスが十字架に掛かったのは、人類の罪を償う(神の赦しを得る)ためだったと、教えている。「イエスの十字架上の死」は、人の罪をあがなうために神に捧げられた一種の「生贄の死」と、理解されているのである。

日本のわたしたちは、東アジアの海と列島の山の自然に囲まれ、他国からの侵入がたいへんまれであった土地で生活してきた。食べて来たのはおもに穀物類と魚や海藻の海産物で、山の獣肉は、ときに口にする程度の生活であった。獣が持つような大量の血は、「けがれ」を意味した（これ自体は大陸の人たちにも見られる）。牛や羊を主要な食べものとする生活を営む人種との接触も、あっても小規模で断続的であって、大規模に持続的であったことはなかった。そしてごく最近まで、特に文化的にも大きな違いを持つ他国からの侵略は、この国にはほとんどなかった。

そのため、この国では古来、宗教儀式を生み出すものは、わたしたちが太刀打ちできない海や山の自然、あるいは、治療の方法がなかった病しかなかった。それに感化された宗教感覚が、わたしたちの宗教感覚のすべてになった。すなわち、不思議な出来事や、化け物の出現、生霊の出現、あるいは、病気になって次々と人が死んでいく姿などは、わたしたちの周囲にもよく起きた。日本の古い宗教感覚は、そんな自然との交流や人口が集中した街中に起きた流行り病や様々な災害によって育てられた。

しかし、ユダヤの人々は、西アジアで遊牧と農耕の生活、近隣の国との戦争、いっときの繁栄を経験していた。そしてその後には大国に敗れて長い間武力で支配され続けた歴史をもつ。そして西アジアは、平時には、インドやエジプト、メソポタミア、ギリシア、ペルシアの宗教を含めた文化が、交わった場所でもある。こうした大陸の片隅で営まれた生活を背景にして、人々の歴史、また神との交流が、旧約聖書には記されている。同様の歴史をもたない日本人がこれを理解しづらいのは、無理もない。

ところが、大きく文化的背景の違う日本に対して、分かるはずだと言わんばかりのキリスト教の伝道が、とくに先の敗戦後に行われて来た。現代の日本人は、他国の文化に対して受動的になりがちなところがある。疑問に思うよりも、まずは理解しなければいけないと思いがちである。とくに相手が、頭がよさそうに見えるとか、相手が言論で了解を強引に要求してくるとき、相手との論争を避けようと、疑問や批判を自ら封じて、分かったふりをし、さらには分かったつもりになってしまうことが、よくあると見受けられる。

第二次大戦で勝ち組となったアメリカ・ヨーロッパは、科学技術その他の進歩で日本の一歩先を行っていた。そのため、日本人はキリスト教という欧米人の宗教についても分からなければ自分は愚かだと、すなわち、劣等意識をもたざるをえないと、思いがちなのである。キリスト教の盛んな伝道は、まずは明治維新、世界に門戸を開いたときにはじまり、日本が戦争でアメリカに負け、アメリカの占領があったのちに、再開した。このとき、楽天的なアメリカ人の「明るさ」をキリスト教の「明るさ」によると思い込み、その明るさと受け止められる側面でのみキリスト教を理解しようとしてきたことが、現代におけるキリスト教理解の混乱に拍車をかけたのではないかと、わたしは怪しんでいる。つまり仏教は辛気臭く、キリスト教は明るくきれいだと、子供の頃、わたしは周りの大人たちからよく聞いた。

外国文化に対する日本人のこうした受け身的態度は、なかなか変わらない。

特にキリスト教の中にもさまざまな主張があるのを知ると、何が本当のキリスト教なのか、自分で判断することができず、日本人は混乱するほかない。

しかし、狭くなった世界では、キリスト教、ユダヤ教、イスラム教、仏教など、宗教の名が絡んだ血生臭いニュースが、毎日のように報道されている。その報道に接するにつけ、現代世界の理解には、「宗教」の理解が必要であるという思いは深まるばかりである。とくに政府がヨーロッパ側に身を置いているわたしたち日本人にとって、キリスト教の理解は、まさに現今の問題、喫緊の課題だと言える。

しかし、すでに述べたように、宗教には個々人の日々の習慣、将来への様々な思いなど、あまりに多くのことが絡まって、なかなか理解にまでは手が届かない。ニュースに耳を傾けていても、手当たり次第、ばらばらの情報が聞こえて来るばかりである。特に宗教が政治がらみとなり、また脅しに使われるとなると、そのたびにわたしたちの心は困惑し、収拾のつかない混乱が起きる。「宗教」のまとまった理解は遠のくばかりで、いつまでたってもわたしたちの身近なものにならない。

結局は、しばらく落ち着いた時間を作って、一から宗教の基本的聖典を読むことが近道である。とはいえ、その道も、残念ながら短い距離ではない。また緩やかでも、滑らかでもない。キリスト教の聖書は、仏教の膨大な経典と比べれば、小さく一冊にまとまっている。翻訳も見事だ。仏教の経典と比べて、まだまだ読めそうに見える。しかし、それでもけっこうな量がある。読むだけで数か月はかかると、覚悟しなければならない。

しかも文字で記された書物を読むためには、背景にある文化、生活が、やはりいくらか分かっている必要がある。日本の古い物語や詩歌、あるいは、能などの芸ですら、今の日本では日常から遠いものになっている。古代の作品は、当時の自然に囲まれた文化的背景をあらためて学ばなければ同じ日本で過ごすわたしたちですら、その良さを十分に味わうことはできない。

キリスト教について、またヨーロッパの古い哲学にも長く接してきた著者自身、そうしたものに邪魔されて、なかなか新約聖書の背景にあるものが見えなかった。そのために、イエスについても、使徒となったパウロについても、本当はどうだったのか、濃い霧に包まれていた。それが年を経て人間についての見識が深まり、人間が書いたものについて、あるいは、或る特定の意図をもって編集したものについて、さまざまな経験をもったせいか、この頃になって、ようやく真相らしきものが見えてきた。

結論から言えば、この著作で著者であるわたしは、キリスト教の教義のうちに、真に世界宗教の資格があると言える教えが確かにあると見て、それを新約聖書から析出しよう考えている。世界宗教とは、国の違いを超えて、人々が受け取ることができる宗教である。「人間である」という条件のみで、その教えが人間の本質にまつわる苦悩から人々を救う力をもつ宗教が、本来、世界宗教と言われるものだろう。つまりこの著作は、日本人が古来の日本文化を捨てずに受け入れ可能な宗教教義を、新約聖書の内に見出して、それを明確にする試みだと、理解してほしい。

したがって、現在キリスト教徒である人たちが教会で教えられた聖書（ことに福音書）解釈に、わたし自身はかならずしも従わない。著者であるわたしは、教会の正統な教義の説明に納得がどうしてもいかない人たち向けに、むしろどうしてキリスト教会ではキリスト教について現在なされているような説明があるのか、その理由を明らかにするとともに、あわせて、人間イエスが本当に教えたと思われるものを、教会の説明とは別に見つけようとしている。したがって、この日本文化の中で育ち、それを基礎にして考えざるを得ない人間が、福音書の記述の考察から見えるものを、あえて提示することをゆるしてもらいたい。それがこの著作の企図だと、あらかじめ受け取っていただきたい。

とはいえ、熱心なキリスト教信徒には、この著作の説明は、さまざまな点で神に敵対するものだと受け取られる可能性がある。キリスト教信仰では、キリスト教会の内にのみ、神の霊、神の正義があると、言われているからである。ただ、わたし自身は、ヨーロッパ中世のキリスト教神学を研究してきた立場の、あくまでも「人間」としての見解をこの著作で正直に述べる。そしてわたし自身は、イエスは、同じ人間として、真実に生きようとした尊敬すべき人間だと思っている。

自分にはイエスのような立派な生き方はとてもできない。一方で、キリスト教会は巨大な組織をもつ一大権威である。イエス個人に対する尊敬の念が真実でなければ、一介の個人が、巨大な権威に反することを公にすることはないはずだと、一応、弁明しておきたい。とはいえ、信仰は各人でその心に微妙な問題を引き起こすものである。また読者の内には、この著作を読むことでキリスト教について誤解が生じることがあるかもしれない。著者の説明不足が誤解を生じ、誤解からさらに不和を生じるとしたら、著者としては遺憾であるとしか言いようがない。

それが在りうることは認めて、ここではただ、それが読者の心に起こることがないことを祈るだけである。

Contents

目次

はじめに　i

I　キリスト教の原像　3

1……宗教とは　5
2……著者のキリスト教理解の基本　12
3……イエスの死　17
4……弟子の悔い　20
5……宗教信仰の深み　24
6……最初期の信仰　28
7……使徒による伝道　30
8……使徒パウロの誕生　34
9……キリストの死と復活を説明する物語　38
10……パウロの真情　45

11……キリスト教会の教えの正義 50

II イエスの教えを理解するために 61

12……パウロに依るキリスト教会 63
13……心の中の教え 65
14……心の中のことの学び 69
15……キリスト教信仰とは 74
16……イエス・キリストを信じること 76
17……キリストは他者の罪を贖うことができるか 77
18……「信仰」という言葉の理解 81
19……虐げられた人々と「支配の教義」 86
20……日常とわたしたちの常識 87
21……分業体制 89

III　マタイによる福音書を中心に　99

22……福音書の成り立ち　101
23……肉の習慣を捨てる　103
24……金銭経済からの離脱　105
25……金銭のはたらき　110
26……神のものは神に返す　113
27……「悔い改め」(メタノイア)と洗礼　118
28……哲学の道とイエスの教え　127
29……「悔い改め」(メタノイア)の意味　129
30……メタノイアによって罪を見る　133
31……イエスの教えの探究へ　142

IV イエスの教えの探究　149

32 イエスのことばを哲学する　151
33 心の貧しいものは幸いである　152
34 分業体制の日々が見失うもの　162
35 付け加えて　167
36 地の塩、世の光　172
37 「律法」と法律　176
38 イエスの十戒理解　185
39 十戒の意味　188
40 二種類の正義　195
41 神の正義を知る「いのち」　198
42 律法(十戒)の完全成就　200

43 怒る者は裁かれる 206
44 「姦淫」の罪 220
45 結婚と離婚 224
46 誓うな 226
47 悪人に逆らうな 230
48 あなたの敵を愛しなさい 233
49 善い行い、苦行を見せびらかすな 239
50 裁いてはならない、人を赦す者は赦される 242
51 救いへの門 249

V イエスのたとえ話 253

52 たとえ話 255
53 天に宝を積む 256

54 目は体の灯火 257
55 神と地上の富 259
56 羊の衣をまとった強欲なオオカミ 261
57 迷い出た羊 262
58 良い木は良い実を結び、悪い木は悪い実を結ぶ 264
59 み旨を行う 265
60 岩の上に家を建てる 267
61 種まきのたとえ 270

VI 人の子イエスとは 273

62 「エリ、エリ、レマ、サバクタニ」 275
63 イエスに従った人たち 276

註 285

あとがき 289

福音書を哲学する——キリスト教会の誕生とイエスの教え

I

キリスト教の原像

聖家族と洗礼者ヨハネ（ラファエロ）

1……宗教とは

わたしが理解する本来の世界宗教ないし信仰とは、人が大人になり、「いのち」を根幹とした「生きる」活動そのものに心の目が開き、その「生」を、自ら確実な仕方で持ちたいと願うようになったとき、どうすればまさに自分がもつ「いのち」に、自分の「人生を掛ける」ことができるか、言い換えると、「この生で正しい」と、自分自身で信じられる生き方ができるか、目には見えないその道を、「ことば」にして教えてくれるものである。

現代社会は、この種の教えより、科学知識を学び、科学知識を利用して利益を得る才覚を高く評価して、自分の人生を市場利益の増大に掛けることを教える。そのほうが文明人らしいと、誇っている。そしてこの常識を疑わない者が、勝利者の顔をして宗教を軽く見る。実際に、そういう人が増えた。とはいえ、科学万能の思想についていけない人間は残っている。つまり生きる上で「いかに生きるべきか」悩み、宗教信仰をその解決の道と考え、それを必要としている人間は、今でも、決して少なくない。

しかし、「いのち」や人生についてのわかりやすいだけの説明なら、学習機能をもった生成ＡＩが作る文章のほうがキリスト教の聖書より、ずっと優れているだろう。人類は自分たちの怠惰に目をつぶり、今や機械の便利さを頼りにした生活をしている。そしてその機械をつくった技術を誇るようになっている。二〇〇年前に始まった「近代」とは、そういう時代の始まりだと言える。とはいえ最近まで科学が進歩する分野と機械が進歩する分野は、物体的なものごとに限られていた。哲学者はそれを冷ややかに見ていることができた。それが今や科学技術は、機械的学習機能を得たコンピューターによって、精神的な成果を得るところまで及んできている。

「危険」が指摘されている。考えることに怠惰であることに慣れた現代人は国の政治について考えることすらも、機械任せにすることに抵抗感がなくなっている。しかも大衆はＡＩの機械学習のほうを、個人が考えた見解よりも信頼する。なぜならそれは圧倒的多数の意見の機械的総合だからである。ひとたび生成ＡＩの答えを聞けば、それが最高の答えだと考える。このようすなら、ひとたび「或る見解に沿う」文章を作るようにプログラムを潜ませれば、スマホにかじりついた国民はＡＩが出した見解に従った思考しかもたなくなるだろう。

近代国家を自称するどの国家も、経済競争でほかの国に負けるわけには行かない。勝つために政府が望む国民の態度や方向性を醸成しようと、インターネットを通じて国民の精神を特別に啓蒙する計画が為政者の頭をかすめれば、国民が公的情報の中身を精査する時間などあるはずもない。権力者が、それを秘密裡に企てるほかに国家が生き残る道はないと考えれば……国民の運命、人生、国民の心の視界すべてが、一握りの為政者に左右される未来が待っている。

現代でも、一般人は、たいてい最新の哲学者の名前やその説を知りたがる。一般人は科学技術のあざやかな進歩を見せ付けられて、それならと、哲学を含む学術一般には進歩があるはずと、疑っていない。そのため最新の哲学は過去のすべての哲学を学習した末に、それらを乗り越えた最高の哲学だろうと、思い込んでいる。だが哲学にはその性質上、科学のような持続的成長（進歩）はない。哲学は、哲学研究が実際になされなくなれば、それだけむしろ退歩する性質の学問なのである。ちょうど一般的に個人でも、自分でものごとを調べ、考えることをやめ、大学の先生やテレビや新聞の言うことを学ぶことしかしなくなれば、自分で調べて考える力が失われていく。哲学もまた同じである。現代の哲学者が、もしも情報に追われ、自分で考える時間をもっていなければ、過去の哲学者よりも考える力は間違いなく退歩している。

この危険を回避するためには生成ＡＩに「わからない文章を作る」ようにプログラムを入れるのがよいかもしれない。そうすれば、人々はこぞって「なぞ解き」に専念して自分たちの思考力を取り戻すことができるようになる。冗談に聞こえるだろうが、禅の「公案」などは過去に在ったそうした種類の知恵のよい例とも言える。

言うまでもなく、わたしがこれから示そうとするものは、わからない説明で読者を混乱させようとするものではない。人間にだけ可能な「わかりやすい説明」の生成を目指している。わたしの説明が、なぜ生成ＡＩの機械学習にはできず、人間にだけ可能なものなのか。その理由は、生きた人間なら自分の「いのち」を自分の内に実際に見出すことができるうえに、それに基づいて、他者の内にそれに相当するものを見出すことができる力をもつからである。そして宗教は、その「いのち」を苦悩から救うものである。

機械にも不調はある。ちょうど身体に不調があるように。しかし機械には苦悩は起きない。生きた心をもたないからである。機械は、自分の内に「いのち」を見出すことができない。生きていないものには、「いのち」をもつ心を基盤にした哲学研究はできない。それゆえ、「いのち」をもつ心を苦悩から救おうとする宗教の説明は、現実に「生きている」一人ひとりの人間にしかできない。

あわせて、哲学は思考の怠惰によってではなく、思考の努力によってのみ本来の哲学足りうる。ゆえに、人間は一人の人間であるために、考えることに怠惰であってはならないと、哲学者は考える。他人の哲学を学ぶだけの人間は哲学徒ではあっても、哲学者とは言えない。

しかし、人間が行うその仕事には、誤りの可能性が出てくる。まさに人間がやることだから、誤りは避けられない。そしてそれだけ、その説明を聴く人は、自分でも考えて、騙されないように、その説明を吟味しなければならない。この著作に関しても、読者にはその面倒を厭わないことが求められる。この非効率を厭う人は、自分が求めている答えを「間違い」を知ることがない生成ＡＩに依存するほかない。

若い人たちの間に精神的なものを求める強い欲求が広がっている。一方、需要はあっても現代人の苦悩に追いつくだけの哲学研究は、残念ながらなされて来なかった。そのために、宗教についても古い語り方のままで語ることしか宗教家にも用意がない。科学が発達した今日、古い語り方で宗教が理解される時代はとっくに過ぎている。ところが、周囲に、目に見えて急激な変化が起きている。国境を越えて人間の往来があるのは今や日常のことである。それにともなって、文化の押し付け、文化物の流出、生活から離れた思想の流行、遠い国の教育、あるいは古いままの教育が、効率のみを求めて、何の吟味もなく無造作に行われている。

キリスト教の聖書が書かれた土地は、日本列島からはるかに遠いところにあった。しかし今や、瞬時に映像が見られ、音が聞こえる場所になった。聖書が書かれた時代ははるかむかしのことでありながら、むかしながらの説明が、今もなお、なされている。そのため現代人にはその内容がますます理解しにくいものになっている。距離と時間によって生じる理解のむずかしさは、それだけで大きなものだが、同じ日本における時代の違いによるものごとの認識の変化も、意外に小さくない。

たとえば江戸時代の末、日本を訪れた西欧人は、町の往来で母親が赤ん坊を懸命にあやし、父親が子供を肩車して嬉々としている姿を、興味深く見ていた。そして「子供がこんなに大切にされている国は見たことがない」と驚いていた。また明治初期に日本にやって来て日本人になった小泉八雲（ラフカディオ・ハーン）は、自分が目にしたことを『心――日本の内面生活の暗示と影響』と題した随筆集の「停車場で」（原書、一八九六年六月。平井呈一訳、岩波文庫、一九五一年）という一文に、おおむねつぎのように綴っている。

あるとき路上で警官につかまった泥棒が、「俺は何もしていない」と嘯いていた。たまたま物見遊山でそこに集まっていた人々の中に、背中に赤子を背負った母親がいた。警官は泥棒に赤子を見せ、「この子を見てもしらを切れるか」と問うた。するとその泥棒の顔色が次第に変わり、ついには泣き崩れて自白したというのである。こわもての泥棒すら、赤子の目に出合うと、本当のことを言わざるをえなかったのである。それがかつての日本人だった。

現代の日本人は、この泥棒の心情が理解できるだろうか。当時の日本では、赤ん坊は「聖人」か「神の使い」のように見られていた。泥棒ですら、その赤子の目に出合ったとき、どうしても嘘がつけなくなったのである。それがむかしの日本にあった幼子に対する世の中の常識だった。この時代の日本人なら、キリスト・イエスが、「この幼子のような者が、天の国に入れる」（ルカによる福音書〔以下、ルカ〕18：16‐17）と語ったことを、少しも不思議に思わなかっただろう。

その同じ国が、最近、国連の「子供の権利条約」になかなか参加しようとしなかったという。子どもの虐待事件も数々聞かれるようになった。一〇〇年の間に、「子供」についての認識が国民の間でまるで変わってしまったのである。だからイエスの時代には「その言葉でわかった」ことが、今では「わからない」ことになっていても、何ら不思議ではない。

つぎのことも考慮しなければならない。福音書の四編にはイエスの生涯の主要な活動が記されている。そして新約聖書後半の使徒たちの活動と手紙には、キリスト教会が生まれる歴史が記されている。使徒は複数人居る。各自、死んだイエスの受け止め方は同じではなかった。じっさい意見の相違から内部で分裂騒ぎも起きたらしい。しかし聖書のなかでは意見に矛盾がなかったかのように記されている。あるいは、矛盾が見えないように記されている。これは一冊の書物として編集されるときにはつねに起こることである。聖書のような遠い過去の編集でも、一つの教会組織が本を編集しようとすれば、このようなことは必ず起こる。そのあたりの呼吸は冷静に理解しなければならない。

先に述べたように、使徒たちの手紙が書かれたあとに、福音書ができたと見られている。したがって福音書の記述に当たっては、イエスの生涯の記述、彼の活動内容の記述に、使徒たちの見解が大きく反映されている。これも冷静に受け止める必要がある。使徒たちがどれほどすぐれた良心の持ち主であろうと、自分たちの思いを抜きに、すでにこの世の者ではないイエスの姿を思い描くことはできなかったはずである。しかも福音書のもっとも大事な部分は、イエスが語った教えである。他人の思想を完全に、そのまま正しく理解して、しかも他者に伝えきることは、まず不可能と言える。ましてやキリスト・イエスの思想は、「神の思想」である。当時の最高の知恵者であっても、完全な理解は無理だったに違いない。

当時よりは人間の精神は高度になっていると、現代人は誇るかもしれない。しかし、現代ではインターネットの高度な伝達能力によって真偽を織り交ぜた情報が一瞬で世の中に拡散している。この状態で人が真偽を識別することは、はたしてどこまで可能だろうか。わたしたち現代人は驚くほど短絡的で欺瞞的な情報にさらされている。権威じみた大きな勢力が本当のことを隠している。自分たちがコントロールする社会の安定のために、不安や怒りを除くためである。大多数の人が、支配者が選んだ情報を信頼している。疑問を差し挟まない。したがって現代にもある誤認の数々を考えれば、数千年のむかしになされた聖書の記述に、現代から見れば誤認と受け取られるものが一つや二つあることは、容易に想像のつくことである。

しかし、だからと言って使徒たちの良心を否定していたら聖書は読めない。間違いを犯すことと、良心があることは、矛盾することではない。多くの善男善女が日々間違った判断をしている。使徒たちも、当時あったであろう時代の波に翻弄されながら、神に祈り、真剣に手紙を書き、彼らがイエスの教えを思い起こしたことは、信じていい。ただし、それでもなお、わたしたちは彼らの苦難をさまざまに想像しながら、冷静に文字の後ろに隠れがちな真実を読み取っていく必要がある。

2……著者のキリスト教理解の基本

この著作を、以降、信者にも、非信者にも、抵抗なく読んでいただくためには、まず著者の考える現在の一般的キリスト教信仰の内容、すなわち、日本人であるわたしが知るキリスト教会の教義に、誠実に、可能な限り沿いつつ、キリスト教の或る理想形とわたしが考えているものを、述べて置く必要があるだろう。

まず、キリスト教の唯一の「神」は、それ自身、主体的人格をもつ。つまり一個人の主体性と人間性をもつとされる。姿は見せないが、女性ではなく、男性である。しかも全宇宙を創り出し、あらゆる生き物を造り、最後に、自分に似せて塵から人間を造った神である。「全知全能」と言われている。とてつもない能力をもつ「超人」のような存在である。したがってこの神は、わたしたちがまったく抵抗のしようのない、恐ろしい存在である。

「キリスト」と呼ばれるのは、その神の「息子」である。彼は、特定できない時に、神からその心が生まれ、あるいは、最初からその心が神とともにあり、二〇〇〇年ほど前のあるとき、現在パレスティナと呼ばれる土地で、マリアという名の女性の母胎を通して、神でありつつ人間の身体をもった。そして当時一般的であったイエスという名を付けられた。

彼は、キリスト教において「イエス・キリスト」（イエスという名をもつ救世主）と呼ばれている。彼の心は、一面、身体を具えた人間だが、神と通じ合う力をもつ。すなわち、イエスの心の本質は神である（イエスは神であると同時に人であると、言われる）。

そしてイエスは、大人になると、神の教えを人々に説いた。もっとも重要な教えが「神の愛」・「隣人愛」である。しかし教えを説いていることができたのは短期間で、結局、エルサレムでローマの官吏ピラトの下で、十字架に掛けられて死んだ。だが、驚くべきことに三日目には身体もろとも生き返った（「復活」と言われる）。金曜日に死に、三日目の日曜日に復活したと伝えられている。しかし復活した彼は、一部の人にしか姿を見せなかった。それも短期間である。そして復活した彼は、弟子たちの前で天空に昇っていったが、そのとき、弟子たちに、「自分の代わりに〈聖霊〉を送る」と述べて、父なる神のもとに帰った。

キリスト教会の「三位一体論」は、この「神」と「神の子」と「聖霊」が、本質的に「一つ」でありながら、それぞれ別々の「主体的人格」（ペルソナ）である、という教義である。天上に居ると見られ、父とされた神と、地上に、イエスの名で生きていた神の子が、別々の人格であることは、たしかに、ふつうに理解しやすい。ただ別人格のものが本質的に一つであるという意味が、その二つが純粋に精神的（霊的）であるという条件の下では、とても理解しにくい。なぜならわたしたちは見た目の姿でしか二人の人間を区別することが一般にないからである。そのため、一つの神における二つの人格を区別することがどのようなことであるか、わたしたち人間には理解することができない。

しかし、聖霊をもう一つの別人格として理解することは、さらにむずかしい。あえて理解しようとすれば、つぎのように考えるほかない。すなわち、信者がこの「聖霊」を受け取って生きようとするときは、「聖霊が命じるままに信者が生きる」ということでなければならない。つまり自分の主体性よりも聖霊の主体性を優先して、それに従って信者は生きようと努力する。なぜなら聖霊は神であり、信仰をもつなら、神が自分の主人だからである。キリスト教信仰を忠実に受け取って生きるとは、そういう意味だと考えるほかない。

公式に、「キリスト者(信者)になる」(キリスト教会の会員になる)ためには、神が「三位一体」であることを、理解はできなくても、信じることが求められる。今ではキリスト教会の神は、「三位一体の神」と呼ばれているからである。しかし、かつては、少なくとも中世までは、ヨーロッパでも神は「ゼウス」(ラテン語では「デウス」)と呼ばれていた。中世の日本にも、キリスト教の伝道者たちは神を「ゼウス」の名で伝えていた。しかし、本来、「ゼウス」は「父なる神」である。

父と子と聖霊の「三位一体」の理屈からすれば、神は、神の子である「イエス」と呼んでも、父や子から出ている「聖霊」と呼んでも、かまわないはずである。しかし、そういうことが許されると、一般民衆の間に混乱が起こる。唯一であるはずの神が三様に呼ばれていると、どれが本当なのかと戸惑うことが起きるからである。それゆえ、現在では、神を個別のペルソナの名で呼ばずに、「三位一体の神」と呼ぶことにしている。

さて、キリスト者となるためには、同時に、「罪の告白」が必要になる。「罪」と言うのは、モーセの十戒に類型的にあげられている罪である。「人殺し」、「嘘」、「婚姻外の性交」などである。この類型に当てはまる罪があればその罪を、秘密を守ることを誓っている神父の前で各自が告白（告解）する。この告白の様式は、神父を通じて神に告白することで、神に対して「心を開く」ことであると、わたしは推測している。つまり、告白を通じて神が、告白した者の心を「見出す」のである。そしてこのことが確かになされたと、人前で明らかにするために、信者は頭から聖水をかけられたり、全身を水に浸けられたりする。「洗礼式」と言われる教会入会の儀式である。そしてカトリックでは、教会の聖人の名から「洗礼名」が与えられる。ヨハネとか、パウロとか、アグネスとか、である。

そして信者は、自分の信仰のために、イエスが十字架に掛かったことを心に刻まなければならない。イエスは、拭い難い人類の罪を「拭う」（罪を赦される、罪をつぐなう）ために、自らは無罪（無垢）でありながら、自らの身を十字架に掛けた（神が、子にそれをさせた）と、理解されている。信者は自分のために、神の子が自らを、まるで生贄の羊のように、犠牲に供したと、思う（信じる）のでなければならない。

信者はふつうの人間なので、どうしても罪を犯しがちである。罪を犯しがちな自分の無力、すなわち、自分は罪を犯してしまうことが、内心、嫌になって居る。イエスはそんな自分たちのために十字架に掛かったと、信じるのである。したがって十字架の苦難を思い、神の子に対して、信者は申し訳なく思う。

そこで、神の子が、自分の身を生贄に捧げた精神を見習い、自分自身の命に代えて神の教えを守って生きて行こうと、健気に考える。それが真面目なキリスト教信仰である。言うまでもなく、ほかの楽しみ、たとえば同じ教会に集うほかの人々と一緒に賛美歌を歌う、同じ教会の信者とおしゃべりをする、神父に話を聞いてもらう、等々のために教会に通っている信者も居るだろう。それはそれとして、自分の罪を消してもらうためのキリストの「犠牲」を忘れないために、キリスト教は「十字架」を「象徴」としている。

問題は、キリスト教におけるもっとも重要な教えだと言われる「神の愛」ないし「隣人愛」(この二つの愛は本質的に同じ聖霊のはたらきと言われる)を、どのようなものと理解するか、である。わたしは、つぎのように理解している。

自分がもつ「いのち」は、自己存在の本源である。この本源から自分の思考と行動が生じる。ところで、この「いのち」は、自分が作ったものではない。神が作り、自分のところに置いたものである。つまり、本質的に自分のものではない。しかし自分のところに置かれているので、それを「良く」発現させるか、「悪く」発現させるか、つまり神が作ったままに良く発現させるか、それとも自分の欲のままに悪く発現させるか、これは、わたしたちは、自分で自由にできる。自分が自由にできるが、「いのち」は本質的に神のものだから、善なる神のいのちと同じように、善なるかたちに「この自分のいのち」を発現させないと、神がくれたその「いのち」に対して、正しいことを自分がしていることにならない。

神は絶対的な善である。それゆえ、福音書のうちでイエスが教えているように、絶対的に善で、正しい思考を、何に対してもはたらかせ、誰に対しても正しい行動をとるように、「この自分のいのち」を発現させ、身を動かし、頭を動かさなければならない。そうしなければ神のいのちの如くに、あるいは、神のいのちに従って「この自分のいのち」を発現させて生きることにはならない。それゆえ、自由に善にも悪にも走るのではなく、神のように正しく考え、正しく行動することを、己の自由にすることができなければ、神に忠実だとは言えない。それができたとき、その人自身の思考と行動は、神の愛にもとづく思考と行動であり、隣人愛による生き方であると、言うことができる。

言うまでもなく、このように生きることは通常、実際にはむずかしい。とはいえ、この理想を追求することが、最良のキリスト教徒だろう。多くの場合、欲につられてさまざまな逸脱がある。それが現実である。イエスの直接の弟子（使徒）も、この例にもれない。しかしキリスト教会はそのような限界のある使徒の信仰を、キリスト教信仰の基準としている。

著者は以上のような理解をキリスト教についてもっている。

3……イエスの死

キリスト教会の誕生の経緯は、イエスの死から始まる。

弟子たちに慕われていたイエスは、十字架に掛けられたとき、まだ若かった。ルカによる福音書（3：23）の伝えるところによれば、宣教を始めたとき年齢は三〇くらいであった。世馴れた年長者ならもっている生き延びるための知恵が、まだ彼には若干不足していたのだろう、小さな判断ミスがあり、彼は捕縛され、ローマの法の下で、十字架に掛けられた。彼がエルサレムの街中で教えを弘めていたのは一年に満たなかったように見える。

運命のその日、エルサレム市内の館で、イエスは弟子たちと、いわゆる「最後の晩餐」を過ごした。食事を終え、夜間に城壁で囲まれたエルサレムの町を、イエスは出た。そして近くの山の隠れ家に向かって弟子たちといつものように歩を進めていた。ところがその途中、暗闇の中で暴漢に襲われ、イエス一人が捕まって当時のユダヤ教の祭司の前に突き出された。

祭司たちはイエスを長時間、問い詰めた。祭司たちはイエスが自分をメシアだと肯ったとして激怒し（マルコ14：61-64）、神の子、あるいはユダヤ人の王を名乗ったとして、当時ユダヤを直轄支配していたローマ帝国の役人に、イエスの身柄を引き渡した。ローマの役人ピラトはその告発に疑問を覚えたが、民衆が騒ぐので、仕方なく、「ユダヤ人の王」（マルコ15：26）を名乗って仲間を募り、ローマの支配に反抗してユダヤの国を独立させようと企図した者として、十字架刑に処すことにした。

十字架刑と決まったイエスは裸にされ、背中を革のむちで数十回打たれた。背中にはひび割れたような幾筋もの傷ができたはずである。そのあと、かなり重い十字架の横木を担がされ、いばらの冠を頭に載せられ、郊外の丘の上の処刑場までの道のりを歩くように命じられた。しばらくは十字架の横木をもって歩いたが、体が頑健ではなかったイエスは動けなくなり、近くにいた別の人間が代わりに運んだと言われている。

そして処刑場に着くと、イエスは倒された十字架の上に体を載せられ、手首と足を、太い釘で木の十字架に打ち付けられた。激しい痛みがイエスの四肢を襲ったに違いない。しかもそれが立てられたときには、両手首だけを基点にして吊り下げられた。自分の胸が自分の両腕にはさまれた形になり、息をするのも苦しい状態になっただろう。ときどき釘で打ち付けられた足に力を入れて息継ぎをしなければならない。現代の都会生活を平穏に送る人なら、とても見ていられない残虐な光景である。

もちろん時代状況は現代の日本とは異なる。場所も時代も異なれば、ふだん見慣れた光景の印象は異なるものだ。したがってその時の弟子の気持ちがどのようであったかは、想像するしかない。日本においても、繊細な歌を詠んでいた後醍醐天皇が政敵の生首を平気で検分したと言われる。どんな残虐な光景でも、人間は「見慣れる」ことができる。イエスを慕っていた人たちも十字架刑の光景を以前に経験して、それ自体は見慣れていただろう。

とはいえ、イエスを慕っていた人たちは、やはり奇跡が起こることを願ってその場に居たに違いない。しかし奇跡は起こらず、その時が来てしまった。何もできない無念さのなかで目を覆い、釘が打ち付けられる音に耳を塞ぎたくなっただろう。

十字架に釘で引っ掛けられ、血まみれ状態のイエスは、刑場の丘の上に高く掲げられた。ローマ兵に監視された役人は、それをたんたんと実行したはずである。

それは当時のローマ帝国から見れば、「王」を名乗ってローマに抵抗するものはこうなるぞ、という「見せしめ」であり、占領地の民衆に対する「脅し」であった。降りたくても釘で打ち付けられて降りることのできない状態で、イエスはエルサレムの空に「血まみれの高札」として掲げられ、民衆の目にさらされたのである。

イエスは時間をかけて、苦悩のうちに衰弱して死んだ。しっかりと死を確認するために、最後にローマ兵は下からイエスの脇腹に槍を差し込んだと言われている。

4……弟子の悔い

「過ぎ越しの祭り」の夜、イエスが暴漢の集団に取り巻かれ、捕まったとき、そばにいた弟子は、自分たちも捕まえられるのではないかと恐れ、イエスを見捨ててその場から一目散に逃げ去った。そして後日、イエスが残虐な十字架刑に処せられるところを、彼らは目にした。あるいは、見つかったらつかまるかもしれないという恐怖から、実際には見に行かずに、他の人からようすを聞いただけかもしれない。

たとえ十字架刑自体は見ずに、聞いただけであっても、弟子たちが受けたショックは大変なものだったはずである。自分たちがつき従っていた師が、十字架刑で殺されたのである。明日からどうしたらいいか分からず、泣き崩れ、しばらくは立ち上がることもできなかったに違いない。

最後の晩餐があった日まで、イエスはむしろローマの法律に守られて、神殿の庭で人を集めて説教をすることができた。内容はどうであれ、ローマの法律では説教は犯罪ではなかったからである。むしろ罪を犯していない人間を襲って捕まえるほうが犯罪であった。ただ、ローマの役人が目を光らせていたのは昼間だけだった。闇夜には、エルサレムでも犯罪が起こる危険があった。したがってイエスにとって夜の間もエルサレム市内にとどまることは、教会の祭司たちが声をかけて集まった民衆に襲われる危険があった。それを知っていたイエスは、朝、エルサレムの町の門を入り、日中だけ市内に居て、神殿の庭で神の教えを説いていた（ルカ21：37－8）。したがっておそらくイエス自身は、「過ぎ越しの祭り」の夜にも、エルサレム内にとどまらず、町を出るつもりで居ただろう。

「過ぎ越しの祭り」は、モーセの「出エジプト」にまつわるユダヤ教の祭りだった。エジプトで自分たちが奴隷身分であった頃を忘れないために、その頃の貧しい食事（酵母の入らないパン）を作り、ユダヤ人はそれを、一緒に食したのである。

この祭りはイエスの教えから見て、人の救いに連なることではなかった。イエスは守旧派ではない。かなり大胆な改革派だった。子どもの頃は父母とともに過ぎ越しの祭りの食事をとっていただろうが、ヨハネ（洗礼者と言われる）に出会い、その教えに触れてからは、過ぎ越しの祭りを重視する理由はなかったと思われる。それはわたしたち日本人がどれだけ父母の時代の正月の過ごし方を今も忠実に守っているか、と同程度のことではないかと推測できる。

断食についても同じだった（マタイ：9－14）。人は断食によって救われるのではないと、彼は考えたに違いない。常日頃は貧しい食事のほかとらなかったであろうイエスだが、地方の人々との付き合いなど、人と食事をするのは案外好きだったのかもしれない。禁欲的なヨハネと比較されて、「大食漢で大酒飲み」（マタイ11：19）と揶揄されたこともある。「どうしてあなたがたは、取税人や罪人などと飲食を共にするのか」（ルカ５：30）と非難された。誰とでも平等に席を囲んだことも、祭司たちやパリサイ人を苛立たせた。

しかも、イエスには大勢の弟子がいる。市内で過ぎ越しの祭りの食事を提供してくれる人物が現れたとなれば、弟子たちは大いに喜び、弟子たちに懇願されれば、イエスもむげに拒絶できなかっただろう。そのためイエスは夜までエルサレムにとどまることになり、それを知った祭司が手筈を整え、その指示で集まった市民に襲われて、捕まったと考えられる。

弟子たちは、事が起きた後になって、自分たちの誤りに気付いた。しかし自分たちを責めるのは止め、イエスが暗がりの中で暴漢に捕まったことを、イエスとの距離の近さが妬ましかったユダのせいにして、自分たちの怒りをユダに向けた。しかしそれでも自分たちが無理に誘わなければイエスはエルサレムに日暮れまでとどまっていなかったという事実は、帳消しにできなかった。弟子たちはおのれの浅はかさを幾度も悔いただろう。その悔いは、とうてい癒されることがないほどの心の傷になったはずである。そのとき、弟子の心に、ほとんど無意識のうちに或る考えが浮かんだ。

彼らが暮らしていたパレスティナの隣国に数千年の歴史をもつエジプトがある。そこでは古くから死後の「復活」が信じられていた。多くの遺体が復活の日を安全に迎えられるように遺体は腐らないように処置され、ミイラにされていた。したがって弟子たちも、エジプトという偉大な歴史を刻んできた大国に、「復活」という思想があることを耳にしていたはずである。また、「復活」の思想はゾロアスター教の下に古くからユダヤ人の知るところとなっていた。第一次バビロン捕囚期の預言者エゼキエルの書には神に促された預言者が谷底に散らばっていた古い人骨を復活させる様が描かれている（エゼキエル37：1－12）。そしてゾロアスターの教えでは、死者の霊魂は三日間は地上にとどまり、四日目に天に昇ってゆくとされていた（メアリー・ボイス『ゾロアスター教　三五〇〇年の歴史』山本由美子訳、講談社学術文庫、二〇一〇年）。他方で、当時あったユダヤ教のエッセネ派では、「神の子」という言葉が話されていた。旧約聖書にも、人は「聖なる者になれ」（レビ記19：2）という神のことばがある。

だれが言うともなく、弟子たちの間で、聖なる者であったイエスは「神の子」であり、だから三日で復活したという噂が広がった。それは、イエスの死に深く傷ついていた弟子たちの心に希望を与え、心の痛みを軽減する薬となっただろう。いつしかイエスの死を悼む弟子たちの間でイエスの復活が事実として信じられるようになり、復活したイエスを見たと宣言する弟子が現れた。

復活が信じられれば、イエスが「神である」と信じることは容易だった。神なら、復活できるに違いないからである。そして復活した後、弟子たちに見守られながら、イエスは父の居る天に帰ったことになった。そのように考えることで、弟子たちは、自分たちの周りに今はイエスが居ないことを、悲しみつつも、納得することができた（ヨハネ16：10）。

ヨハネによる福音書（11章）には、ラザロの復活という有名な逸話がある。ラザロという人物が病気で死ぬが、家族の懇願を聴いて、イエスが墓に入れられて四日後の彼をよみがえらせたという話である。そこにはイエスの死を前にして泣き叫び、打ちひしがれ、その後に、彼の復活を信じることに依って互いをなぐさめた人々と同じ心情が伝えられている。実際ラザロの話は、キリスト教徒の間ではよく知られた物語である。ドストエフスキーも彼の小説『罪と罰』の中で、登場人物にこの物語を取り上げて語らせている。

こうして、弟子の間では、イエスは十字架上で死んだが、三日目に蘇り、墓から出て、何人かの弟子たちの前に現れ、それから自分たちが見守っているなかで空に浮かび、天に帰って、今では父なる神といっしょだという話が生まれ、いつしか、みながそれを信じるようになった。

そしてそのように信じて気を取り直した弟子たちは、師であるイエスの思いを受け継ぐべく、「イエス・キリストの伝道」を始めた。そのとき彼らは、自分たちは亡くなったイエスに伝道を命じられたと考え、「使徒」(ギリシア語でアポストロス＝派遣されたもの)と自称した。

弟子たちの書いた手紙の背景には、この時代のこうした思いがあったことを、よく考慮しなければならない。なぜなら、多くの人がこの思いを共有することで「キリスト教会」が誕生したからである。

5……宗教信仰の深み

弟子たちにとって、キリスト・イエスはただの「聖書教師」(ラビ)ではなかった。「人生の真理」を教えてくれた師であった。彼が教えたその真理は、学校で教えられる社会訓練や親に教えられる家庭(父系、財産の長子相続)訓練と、同様のものではない。彼が教えたのは地上に生まれたわたしたちに「まことのいのち」を与える「ことば」だった。かつての日本では、『古事記』や『勅撰和歌集』に伝えられた「ことば」が、古来の日本人の心を伝え、わたしたちの心を「まことの日本人」にすると、考えられていた。そのために人々は熱心に和歌を詠み、和歌を学び、和歌を添えた物語を読んできた。日本神道の精神とは、そういうものだった。

すなわち、日本において「人生の真理」とは、「まことの心を作ることば」、本居宣長で言えば「やまと心を作ることば」である。それは競争社会のなかで、「生き残り」の技を教える「ことば」ではない。すなわち、競争社会の中でいかにうまく立ち回って、楽に、人間社会の中で生き残ることができるか、そのことに関して役に立つ知識ではない。現代のわたしたちは競争に打ち勝って多くの利益を得ている人にあこがれ、その人の暮らしに幸福があると見て、同じ技術を身に付けようと、その技術を学ぶ。しかし、その知識は、どんなに多く集めても、わたしたちが「まことに生きる」ことを教える知恵にはならない。「まことに」生きることは、「永遠的に生きる」ことであって、今この時代にしか通用しない真理に従って、暫時、生きることではないからである。

「人生の真理」を教える知恵は、「いのちそのもの」を端的に教える「ことば」でなければならない。すなわち、「いのちの世界」全体の地平で、「生きる」方向にわたしたちを導いてくれる「ことば」でなければならない。そうでなければ宗教的な地平にある「人生の真理」とは言えない。何が起ころうと、何が立ち塞がろうと、その導きによって「自分が生きることができる灯火となることば」でなければならない。そうした種類のことばは、生き残るための技術を教える金言と同様に、短い文句の金言となって世界各地にある。

日本では、それを教えるものは、まずはそれを記した書籍であり、つぎに書籍を解説する人間だった。わたしたちは中国から文字を習い、仏教の経典、孔子や老子、孟子の書籍を取り寄せ、読み漁った。他方、文字を紙に記すことが進まなかった西アジアやヨーロッパでは、それを教えるものは、人生の真理を人々に直接語る「人間」だった。それゆえ、イエスが暮らした西アジアでは、人生の真理を自分に教えてくれるのは人間であり、「神のごとき人」であった。

わたしたちは、だれもが地上に生まれて来たときは体の命と心の命を一つにしている「一個の赤子」である。体の命は、自然からもらった栄養分を得て、遺伝情報にしたがって成長する。その成長の仕方は体自身がすでに持っている。体は、あらためてことばを聞いて教えられることで、それまでとは身体の成長の仕方を変える、ということはない。実際、体の成長のほとんどは、生まれ持った遺伝子のはたらきで決まっている。遺伝子は化学的性質で作られた二重らせん構造の物体である。遺伝子は耳で聞いたことばで何かを学び、自分を変えることはない。

他方で、わたしたちの心は、体の成長とは別に、言語を学び、大人の声掛けに反応して成長を始める。人間社会のさまざまな文化に、心は、たいていの場合、ことばを通してさまざまに育てられる。

じっさい心は、体の成長にあわせて、体の健康な発達のために、さまざまなことを学び、体を動かす。周囲にあるもののなかで何が食べられるか、何が危険か、あるいは、体を鍛えるためにどんなことがあるか、等々である。どれも心が学んで体を動かすことで、心を支えることができる体を、それぞれの環境でつくっている。したがって大人になった体は、遺伝子に従いながら、成長過程の間に心が学んだ成果でもある。

しかし他方で、わたしたちの心は、社会のなかで善悪さまざまなことばを聴く。それらが心の中で行き交う。すると心は、何が正しいことかと迷う。公教育では、一般社会に共通な知識だけが公認を得て、一定の仕方で教えられる。知識自体は、それを良く用いるか、悪く用いるか、決まっていない。ものごとは、こうであれば、こうなると、教師は教えるだけである。本来、知識は、良くも悪くも用いることができる。とくに科学技術の知識がその種のものである。他方、何事も善く用いる知恵、人の善き生き方は、学校の教師が生徒の集団に共通に教えることは、じつはむずかしい。

学校で教えられる道徳は、世間で常識化して知識となったものに過ぎないからである。教えられるのは、学校の集団維持のための「規律」＝「法」がほとんどである。それはどの社会にも通じる絶対的・普遍的な善悪ではなく、特定の社会を維持するための相対的な善悪・正義に過ぎない。そこで教えられる道徳は、科学知識がものごとを制御するための知識であるように、社会がその構成員を都合よく制御するための知識であって、個人を良く生かす（人が個人として周囲の人々に対して正しく生きることが出来る）ための知恵ではない。

世間では、人の生き方は人に依って見方が違うとか、価値観が異なるとか言われ、社会正義の根拠はうやむやにされる。それゆえ大人になって正しく生きようとすれば、心の生き方、すなわち、何をどのように考えることが正しいことか、また善いことかを、人はだれでも、むしろ学校とは別のところで特別に学ばなければならない。

このとき、それを教えてくれる人は、わたしたちの心にとって「心の師」であり、「心の親」であり、「神のごとき人」である。なぜなら、生き方に思い迷うわたしたちは、体は生きていても、心はどのように生きてよいか分からず、周囲から善悪の区別なく、大量の知識を教え込まれ、心は迷路に迷い込み、どこかで行き詰まり、その先が見えない行き止まりに追い詰められるからである。このとき心は、体とは別に、息が詰まり、死ぬかもしれない状態に至る。

そのわたしたちに「自分のいのちが正しく生きる道」を示してくれる人は、わたしたちを心の迷路から救い出し、自由なところに連れ出し、わたしたちの心に「本当のいのちを与える」ことが出来る人である。その教えは、わたしたちにとって「神聖なもの」であり、わたしたちにとってまさに「大いなる命の泉」である（ヨハネ7：38）。

そういうものが、真の宗教の「真理」であり、「教え」であり、生きる方向を整える「道」である。そしてその教えに従おうとする心持ちを含めて、わたしたちは「信仰」と言う。

イエスに従った弟子たちにとって、イエスはそれを与えてくれた「師」であった。ただ、弟子たちは師の教えをなかなか飲み込むことができなかった。できないうちに師を失った。教えは、分からないまま、そのことばだけが彼らの耳に残った。

6……最初期の信仰

弟子たちが集まり、その胸に懐いた最初期の信仰の源は、イエスが教えた信仰ではなく、イエスを十字架刑で失った彼らの深刻な「悼み」であり、「悲しみ」であった。同時に、古代文明のエジプトやバビロニアから聞こえていた「復活の希望」という「癒し」であった。復活の希望は弟子たちの悼みを和らげ、弟子たちの救いになった。この当初にあった信仰を保存するのが、十字架に掛けられたイエスの像である。

ただし、当時、人の像を造ることは十戒に反するので、しばらくは十字架だけをその象徴にしたと思われる。古代の終わり頃に十字架上のイエスの像がつくられるようになり、わたしたち日本人がキリスト教を知るようになる近代になれば、十字架に掛けられたイエスの像は、カトリックの教会や修道院ですっかりおなじみのものになっていた。人々は十字架に掛けられて血を流し、死んでしまったイエスの像を見て、弟子たちの懐いた悼み、悲しみを想像の内で共有し、イエスの復活を信じ、そして自分個人の苦悩を弟子たちの苦悩に重ね、自分の死後の復活を願った。近代においても、ヨーロッパではだれもが親しい人を亡くした苦悩を持っていたからである。

その思いはルネサンス期には「ピエタ」と題された絵画や彫刻、あるいはそれに類する絵画で描かれるようになった。

「ピエタ」は、ギリシア語で、「信じていることども」を意味する。そしてキャンバスや板に、死んだイエスを抱きかかえ、悲しみに沈んだ聖母が描かれた。ジョバンニ・ベリーニ（一五世紀）、ロッソ・フィオレンティーノ（一六世紀）など。立体的な像としてはミケランジェロの聖母子像がもっとも有名である。それはヨーロッパのキリスト教徒が伝統的に信じてきたことを、目に見える仕方で表している。つまりキリスト教信仰の原点は、キリスト・イエスの死であり、それを知った弟子の悼みなのである。したがって十字架像のもとでのキリスト教会の祈りは、一方で、三日目の日曜日にキリストが復活したことを祝うものだと受け取られているが、その復活の祝いは、本来、キリスト・イエスの金曜日にあった死を悼む祭りと、一体となったものであった。

またスペインの文化的性格のなかに、今でも強い「情念」があることを、フラメンコの踊りを見るときなどに、日本人も肌で感じることができる。ラテン語では情念は「パッシオ」（passio）という。しかしそれは恋の情熱ではなく、本来、キリストの「受難」を意味したと、スペイン文化の専門家から、わたしは聞いている。

7……使徒による伝道

もしも、イエスが声をかけて弟子となった人たちの間だけで「キリスト教会」（キリスト者の集まり）が作られ、そこまでだったなら、キリスト教は今日ある形では残らなかっただろう。イエスの弟子たちの信仰は、イエスの弟子たちだけが味わった苦悩によって生まれた。したがって、人間すべてに普遍的なものではなかったからである。一部のユダヤ人の間だけに一時的に広がり、それで終わっていただろう。じっさい、その後に起きたユダヤ戦争によって、弟子たちが集って居たエルサレムは、ローマ帝国によって徹底的に破壊された。キリスト教は、貧しい人たちの間に生まれたユダヤ教の幼い一宗派として、いつのまにか歴史の闇に消えていたに違いない。

ところが、歴史は別の道をたどった。

「使徒言行録」は、その記録として書かれている。それを書いたルカは、医者で、パウロのいずれかの伝道旅行の同行者であったと伝えられている（ルカ福音書の著者と同一人物）。したがって、ルカが直接に知ることができなかった最初期の弟子たちの行動、その弟子たちがイエスから聞いたことは、あくまでも伝聞であり、すでに事実としては疑わしい伝説になっていたと思われる。たとえば、イエスの捕縛は自分たちの弟子仲間であったユダが裏切ったせいだという意見が、すでに教会の中で正当化されていた。しかし、ユダは生前のイエスから右腕としてきわめて信頼されていた人物であったことは、福音書の「財布を預けられていた」という記述（ヨハネ13：29）から十分に推測される。イエスは人を見る目が普通の人間よりも優れていたと想像できる。したがって、そのユダがイエスの捕縛を手助けしたという弟子たちの見解は、イエスから特別な信頼を得ていたユダに対するほかの弟子たちの妬みが原因の、誤解や憶測だったのではないかと、今では疑われている。

またこの時期の弟子たちの教会（集会）をつくる運動は、神の守護を受けてさまざまな奇跡が起こる中で発展したと、記述されている。たとえば、異様な雰囲気のなかで人々が教会に集まり、他者には分からないことを夢中で話していたこと、また信徒を集めることに熱中していたことが語られ、それは自分たちが特別に賜った神の霊「聖霊」の力によるものだったと、説明している。そしてイエスの直接の弟子仲間は、自分たちこそイエスが神であった、あるいは、イエスが真に従うべき「主」であったことを見聞きした「証人」であると宣言して、教会（集会）の中で、一定の犯しがたい地位を得ていた。

しかしどうやら後になって、パウロによって「隣人愛」が教えの中で重視されるようになると、「聖霊」も、教会信徒の間の「隣人愛」として理解されるように変化したようである。

パウロが弟子仲間に迎え入れられ、彼が伝道において大きな役割をじっさいに演ずるようになると、弟子たちがイエスの生き「証人」として自分たちを誇りに思うことは背景に追いやられ、伝道のための「使徒」の役割が、教会の中では重視されるようになったらしい。パウロの指導のもとでの伝道が信徒を飛躍的に増やし、教会を発展させたからである。じっさいパウロはイエスに会っていないためにイエスの生き「証人」の役割は果たせなかったが、パウロが実践した「使徒」としての役割が、教会を大きく発展させた。その事実に圧倒されて、イエスの直接の弟子たちも「証人」という肩書よりも「使徒」の肩書で呼ばれることを望むようになったと考えられる。

とはいえ、それとは別に、イエスの死を悼んでいた何人かの弟子たちが、エルサレムかその近辺で集まったとき、彼らはイエスの思い出を何度も語り合ったに違いない。復活の話も出たに違いない。それは弟子たちの想像をまじえた記憶となって次代の教会員の耳に入るようになった。そしてイエス亡きあと数年の内に、心を落ち着けた弟子たちの胸には、イエスという類いまれな人間が居たこと、イエスが自分たちを導いてくれたことを、ほかの人々に伝えなければならないという思いが募ったはずである。その思いが弟子たちを鼓舞して熱心な伝道に走らせたと想像される。

その伝道が古くからの都市アンティオキア（シリア地域）に教会（集会）をもつことができるようになった頃、イエスの弟子たちは、「キリスト教徒」（クリスチャン）と呼ばれるようになった。イエスが「ユダヤ人の王」を名乗ったとして十字架刑に処されたことは、前述した。ところで、「キリスト」は、もともと「聖油を注ぐ儀式から生まれる者」を意味する。その儀式は、王や、預言者など、威厳のある指導者を人間社会の中に生み出す作法だった。

したがって「王」と呼ばれるか、「キリスト」ないし「メシア」（預言者ないし救世主）と呼ばれるかの違いは、イエスの弟子たちの間では本当はあまりなかったと思われる。じっさい、戦後のアメリカ映画には、「諸王の王」（king of kings）という原題でキリストの生涯を描くスペクタクル映画があった。古代において日本でも「天皇」は、祭りごとを司り、卑弥呼の伝統を承けた「諸王の王」であった。古代ギリシアでも「王」は宗教を司った。それゆえ、弟子たちは「キリスト」を、「預言者」ないし「諸王を超えた王」と考えていただろう。

イエスの死後に始まった弟子たちの伝道活動を通じて、あらたに有力な弟子が生まれた。そして伝道者のうちに殉教があった。キリストの信仰を語ったステファノが暴徒によって石打の刑で殺されたのである。それはイエスの死を思い起こさせたに違いない。このような殉教の思想がキリスト教に含まれるのは、一つの要因として、キリストが残虐なかたちで殺され、それが自ら進んで神に捧げられた死であると、解釈されたことがある。じっさい、自らの身を神に捧げたキリストに倣おうと考えた信徒は殉教を恐れなくなり、その死を見た他の信徒たちは、キリストの死を見た弟子の悲しみを思い起こしただろう。

日本でキリスト教の伝道が最初に成功した時期が、人々が残虐な死に出合う機会が多かった戦国時代であったことも、これを裏書きする。イエスの十字架上の死は、西アジアからヨーロッパにおけるキリスト教信仰の固い礎となったと思われる。そしてイエス自身の教えの理解は、二の次にされたように見える。そういう機運の中で、生前のイエスには会うことがなかったパウロが、キリスト教会に入会して次代の使徒となった。

8……使徒パウロの誕生

パウロは、はじめ、キリスト教徒を捕まえ、キリスト教徒を次々と告発する人間であった。彼は神殿祭司たちの態度を生ぬるいと見ていたパリサイ派ではなかったかと、言われている。いわば正義感に燃え、犯罪人を見つけ出す警察官である。ところがあるとき神の光に打たれたと言われる。イエスの行動、発言を、どこかで知る機会があったらしい。パウロはとつぜんキリストの使徒となった。

このような信仰上の転向が人に起きるのは、言うまでもなく特別な場合である。すなわち、それまでの信仰によっては救われない心がその人間に内在していて、新たな信仰がその部分に直接光を当て、その心をすっかり活き活きとした別のものに変えてしまう場合である。おそらくパウロの魂は、当時のユダヤ教の律法主義（律法を守ることを真の信仰と考える）では救われない側面をもっていたのだろう。パウロに起きたことが、キリスト教会の運命を変えた。

イエスの教えに触れる以前の頃を思い出して、パウロはローマの信徒への手紙に書いている。

律法によらなければわたしは罪を知るようにならなかった。律法がむさぼってはならないと言わなければ、わたしはむさぼりというものを知らなかった。罪は戒律を通して足がかりを得て、あらゆるむさぼりをわたしの内に起こさせた。（ローマの信徒への手紙〔以下、ロマ〕7：7－8）

パウロはユダヤ教徒の両親に育てられ、律法に記された罪が悪であって、それ以外のことは悪ではないのだと教えられていた。それゆえ、パウロは律法さえ守っていれば自分は正しい、真のユダヤ教徒だと、信じていた。そのために、まさにそれによって、じつは肉のむさぼりを自分に赦していたと言うのである。律法は、婚姻外の性交を罪としていないうえに、どの犯罪規定も、当時のユダヤの律法では、実行が無ければ罪ではないからである。

言うまでもなく、幼児の頃は律法を犯す危険はなかった。また律法を知らなかった。しかし律法を教えられたときから、パウロはそれに惑わされ、自分は殺されたと言う。

わたしは、かつて律法とはかかわりなく生きていました。しかし、おきてが登場したとき、罪は生き返り、わたしは死にました。そして、いのちをもたらすはずのおきてそのものが、死をもたらすものであることがわたしにはわかりました。罪がおきてによって足がかりを得、わたしを惑わし、また、おきてによってわたしを殺したからです。（同7：9－11）

律法は聖なるものであるはずなのに、その律法が心の中から生じる罪（欲望）を野放しにして、パウロの心を苦しめたのである。

このようにして、罪はおきてを通し、限りなく罪深いものとなりました。（同7：13）

パウロは、自分のうちに湧き出して来る欲望の数々が、教えられた律法の精神に違反する行動を、むしろ自分に促していることに、あるとき気付いた。律法を知ったことでかえって律法を犯そうとする欲望がわきだした。それを、律法主義の精神の下で再度抑えようと懸命になった。板挟みである。若さ溢れる彼は、内心、苦しんでいたに違いない。

なまじっか律法を教えられたために、自分にはそんな快楽があったのかと気付かされ、逆に、欲望のとりこになったと言う。日本で言えば、「寝た子を起こす」のが、自分にとっての律法だったと言うのである。

わたしの肉の内に、善が住んでいないことを知っている。善い事を行おうとする意志はあっても、行いが伴わない。……わたしの五体には、別の原理があって、理性の原理と戦い、そして五体の内にある罪の原理の下に、わたしをとりこにしているのがわかります。(同7:18、23)

律法の内容は、理性の原理によって善いものと、理解できる。しかしそれは実際には罪を生み出す肉の原理を完全に抑え込み、否定する力にはならなかった。

要するに、わたし自身は理性では神の律法に仕え、肉では罪の原理に仕えているのです。(同7:25)

パウロは、表向きは律法を厳格に守る優れたユダヤ教信者として生きていたが、内心では自分の罪に苦しんでいた。むしろそのために、他人の目には「立派なユダヤ教徒」と見られることを望み、そのために、どこまでも律法主義の精神を貫いて、ユダヤ教のパリサイ派から悪者とされていたキリスト教徒を見つけて熱心に告発していたのである。

ところがパウロは、イエスが「罪びとを招き」、救おうとしていたことを知った。

そして神の救いが「聖霊」によってあることを知った。おそらくパウロはそのとき「聖霊」というものが在ることを、はじめて知ったと思われる。それは「いのちをもたらす原理としての聖霊」（同8：2）であった。つまり「理性の原理」では救われなかったパウロは、それとは別の原理によって救われることを、イエスの弟子から教えられて、まさに衝撃を受けたのだと思われる。

すなわち、「律法」はユダヤ教の「理性」を明確に示している。しかし「律法」では、パウロの心は救われなかった。パウロの「理性」は「律法」によって形を与えられたが、その「理性」は肉の原理を押さえつけることはできなかった。肉の原理からは心の内に、罪が噴き出すままであった。「肉」は、パウロの心に「死」をもたらしていた。すなわち、律法に違反するものが死刑となるように、パウロの心は、肉の原理がもたらす心の罪によって、死刑を言い渡されていた。しかし、イエスが語った「神の霊」（聖霊）は、その心の罪による刑死から、パウロの心を救ったのである。

パウロは生きる希望を見出した。心を動かされ、キリスト教徒になろうとした。

ところが同時に、自分がイエスの弟子たちとは異なり、イエスの生前を知らず、十字架上の悲惨な死を見ていないことに、気付かざるを得なかった。自分にはユダヤ教からキリスト教への回心があっても、当時の弟子たちの仲間となるために必要な肝心のことを知らなかった。すなわち、パウロは、イエスの活動と死と復活の「証人」にはなれなかった。そしてさらにイエスの弟子たちがもつ「悲しい経験」に共感できなかった。

パウロは、それでもキリスト教徒になり、生前のイエスを知っていた弟子たちの仲間になることを、心から願った。そうしなければ弟子たちから詳しくイエスのことを聞くことが出来ないと思ったに違いない。パウロは、イエスが話したことについてできるかぎり詳しく、本当のことを知りたかったはずである。そのためには弟子たちとの間に信頼関係が必要だった。

ところがパウロは、以前はキリスト教徒を捕まえていた人間だった。自分がその過ちを認め、反省して心を改めたことを弟子たちにわかってもらわなければならない。しかしそのためには、耳にしただけのイエスの十字架上の死を思い、弟子たちの悲しみに共感できなければならない。何らかの深い共感なしには、信仰における信頼関係は築けないからである。

ほかの弟子たちとは異なり、高度の理性的精神の持ち主であったパウロは、そのためには自分が納得できるイエスの十字架上の死の意味を考えるほかなかった。理性的に納得した後でなければ、パウロのような理性の強い心は、弟子たちの苦悩に十分に共感することができなかったのである。

9……キリストの死と復活を説明する物語

ローマの信徒への手紙では以下のことばがつづく。以下、パウロが言う「律法」は、「理性」と読み替えればわかりやすい。律法は神の理性が作ったものだからである。他方、「聖霊」は、「神の愛」だと言われる。キリスト教会の洗礼を受けたものは、「肉の原理」（欲望）と「理性の原理」（律法）とは別に、あらたに神から「聖霊」（神の愛）を受け取ることができたと、見なされた。

手紙はそういう教えを受けていた信徒に向けてある。まずパウロは、肉と律法の力関係を語り、キリストによってはじめて律法の力が強められて肉の力に打ち克つことができたと語る。

すなわち、肉のせいで無力であった律法の成し得なかったことを、神は成し遂げられました。神は、罪をつぐなう生贄としておん子を罪深い肉のありさままで遣わし、肉において罪を罪として定められました。それは、肉にしたがって歩まず霊にしたがって歩むわたしたちにおいて、律法の要求するところが成就されるためでした。（同８：3-4）

つまりキリスト・イエスは神の子ではあるけれど、人間の肉体をもってこの世に遣わされたと、パウロは言う。そしてその肉は、肉であるかぎり、律法の精神を殺してしまう力をもっている。つまり肉は律法を無視して罪を成し遂げる力をもっている。ところが、イエスは罪を犯さなかった。神が持つ霊の力が、肉をもっていても罪をおかさないことができることを、わたしたちに示したのだと、言うのである。

さらにパウロによれば、神の子キリスト・イエスの肉体を十字架刑に依って万民の目の前で生贄にしたことで、神は、人の罪をゆるすことを約束されたと言う。そしてイエスが父に頼んで送ると約束した聖霊の助力によって、理性に結実した律法の精神は、肉の力に必ずしも負けないものになったと言う。聖霊が心に届けられたとき、心がもつ律法の精神は、聖霊の援助を得て、肉の力に打ち克つこと（目的）ができるようになったと、言うのである。

事実、肉の指図のままに生きる者は、肉のことを思い、霊に従って生きる者は、霊のことを思います。肉の思いは死であり、霊の思いはいのちと平安です。なぜなら、肉の思いは神の敵であり、神の律法に従わない、いや、従うことができないからです。肉の指図のままに生きている者を、神は喜ばれません。しかし、神の霊があなたに宿っているかぎり、あなたがたは肉の支配下にあるのではなく、霊の下にあるのです。キリストの霊をもたない者は、キリストのものではありません。キリストがあなたがたの内におられるならば、体は罪のゆえに死ぬことになっても、受けた救いの義のゆえに、聖霊はあなたがたのいのちとなっています。イエスを死者から復活させたかたの霊が、あなた方の内に宿っているなら、キリストを死者のうちから復活させたかたは、あなたがたの内におられるその霊によって、死ぬべき体を生かしてくださるのです。（同8：5-11）

パウロは、ユダヤの教養とともに、ヘレニズム世界の教養（ギリシア哲学）を身に付けていた。

パウロは自分が耳にしたイエスの教えに沿うように、「イエスの十字架上の死」を説明しようと、懸命に考えたに違いない。彼は、十字架上の死の意味を、罪の赦しを得るための「生贄」と理解することで、自分と同じようにイエスの生前を知らない人間でもキリストの死を納得できるものにした。すべての人が、この説明に納得し、イエスの死によって、おのれの肉に宿った罪深さを神に赦してもらえたと、考えることが出来た。人々はパウロのこの説明によってイエスを神の子と信じ、イエスの死を特別に悼み、イエスの弟子たち（十二使徒）に認めてもらえる「キリスト教徒」になることができたのだと、推察される。

パウロは、（キリスト教徒になる前は）「人はみな罪を犯し、神の栄光を受けられなくなっている」（同3：23）、「しかし、キリスト・イエスのあがないの業を通して、神の恵みにより無償で正しい者とされる」（同3：24）と考えた。イエスの十字架上の死は、アダム以来、生まれつきのものとされている人の罪を神自身が「あがなった」ことを意味すると言うのである。そして自らを神への犠牲としたイエスを、おのれの「キリスト」（メシア）として信じることで、人はだれでも、イエスのわざを恵みとして受け、おのれの内に生じて止まない罪との闘いに勝利し、罪を拭うことができると言う。

パウロ自身、かつてキリスト教徒を迫害していた罪に苦しんでいた。しかしパウロは、聖霊の特別のはたらきを知って、自分自身が救われたのである。

とはいえ、パウロの説明は、言い換えれば、多数の他人の罪を、イエスが自分一人の残虐な死をもって返上することができた、あるいは、無化することができた、という話である。この話は、論理的には通じない話のように見える。他人の罪を、だれかが代わりに負って、刑罰で死んだとなれば、それは冤罪だろう。冤罪はまったくの不正義である。旧約のエゼキエル書にも次のようにある。「正しい人の正しさはその人のものであり、悪人の悪もその人だけのものである。子は父の罪を負わず、父もまた子の罪を負うことはない」（エゼキエル18：20）

たしかに、日本でも紙の人形に自分の穢れを移してそれを川に流すとか、自分の体の痛みを地蔵にすりつけて病を治してもらおうと祈る風習はある。どちらも生き物ではなく物体であるのは、日本人が植物食を主にしたためかもしれない。動物食を主とした人々の穢れの払い方にはなじみが無いから理解が難しいとも言えるが、それでも他者を生贄にして許されるというのは、理屈が通らない。

しかし、当時のヘレニズム世界では、パウロの説が説得力をもっていたらしい。

もともとイエスの生まれ育ったガリラヤ地方はヘレニズム（ギリシア文化）世界に近接しており、その大きな影響を受けていた。ギリシア生まれのアレキサンダー大王が短期間でインドと接するところまで軍を進め、巨大な版図をもつ国を作ったことが発端である。大王は若くして亡くなったが、その後もギリシア人が王として各地域を支配した。そのためギリシア語を共通語とする巨大な経済圏がすでに数世紀の間、続いていた。イエスが話したアラム語は、ヘブライ語と同じく、メソポタミア地域のアッカド語からの派生であった。

しかし、ギリシアの経済圏に長く覆われていたことから、古典期とは幾分異なるギリシア語が、経済を担う庶民の間で広く使われていた。そしてイエスがナザレで育つ頃、ナザレから数キロの街道沿いにローマ風の都市セフォリスが建設された。その街道は、東はガリラヤ湖畔の町に通じており、西は地中海に通じ、後には南北を通る街道と交差した四辻となり、第二世紀にはローマのガリラヤ支配の中心都市にまで発展した。イエスはそういう土地柄に育ったのである。

言うまでもなく、ガリラヤ地方の誰もが当時、ギリシア語を操ったということではない。言語というものは、当人の必要に応じて身につくものである。生まれたばかりの頃は身の回りで話されている言語が、赤子が成長する際に端的に必要な言語なので、みなが身につける。そしてそれ以外の言語も、大人になるにつれ各人が生活の中でかかわる比重に応じて学ばれる。日本人も、今ではカタカナ英語を案外身につけている。外国人と仕事上でもかかわる必要の生まれた人は、やはりそのために必要な言語を身につける。

このことは、当時、イスラエルに居た人たちも同じであった。ことにイスラエルは弱小国家で、巨大な力をもつ外国に陸続きで囲まれていたのだから、生活上、第二言語、第三言語を身につけなければならなかった人は、少なくなかったに違いない。イエスの父親も木材を使った仕事をしていたと言われる。近隣にローマ風の都市建設工事があったとすれば、彼にも関連する仕事のためにギリシア語を知る必要はあっただろう。

他方、困窮して最低限の生活の中に居た一部の人には、その余裕はなかった。ローマの属州となったユダヤの庶民は、ローマ市民権は得られず、人頭税など高率の税を取られるばかりでほとんど奴隷身分だった。イエスの弟子たち（十二使徒）の多くは、この種の人たちだったと思われる。しかしイエス自身は、古代のギリシアの知恵を学ぶ意欲もある人間であったと推測される。したがってイエスは、ギリシア語をパウロと同様に、学んでいただろうと、わたしは思う。

したがってイスラエルの人々は大きな経済圏の中で、アラム語にしてもギリシア語にしても、経済用語を耳にする人々は案外一般的であったと推測できる。罪を「贖う」ということば、その言葉が意味する地平に同様に在る「貸し借り」や「買い戻し」、「返済」、「掛けで売る」などの商売用語は、みなが日常、耳にすることが多かったに違いない。それゆえアダムやイヴの罪を「神への借り」と見て、しかもその借りは人類に深く宿っている罪であるために「特別な値の返済」によってしか返せないと理解し、イエスの十字架上の死を、その「特別な値のつくものによる返済」と見る図式で考えることが、ユダヤの人々の耳には、存外、おかしくなかったのかもしれない。

日本人は、宗教教義を経済用語（損得勘定）で説明することなど無かった。したがって日本人にはこのような説明は、到底、理解しにくいことだが、そこに生きていた人たちの耳にはわかりやすい説明であったと、考えられる。

第二に、イエスの弟子たちは、生前のイエスの立派さを知っていた。だからイエスが神の子であり、神の如き人であることは、疑問になると思って居なかった。しかし、もしもイエスが、弟子たちが言う通り神であったなら、そのイエスの死は、イエスを知らない人の耳には、「神が十字架刑で死ぬ」という想像しがたい話に聞こえる。イエスの弟子たちには、それを説明することばがなかった。

パウロは、「神の子の死と復活」という納得しにくい事実を、イエスを知らない人々に説明する物語を作ることができた。つまり商売用語を用いて、神が十字架で死んだことの宗教的な意味を、説明できる物語を作ることができたのである。しかし、おそらく、パウロの説明を聴いたイエスの弟子たちは、はじめは何のことかと思っただろう。彼らにとっては、イエスが神の如き人であることは、直接の経験で知っていたし、そのうえイエスが復活したことを信じたことで、イエスを神であると信ずるためには十分だったからである。パウロの説明は余計なことと思えただろう。

しかしその説明は、イエスを直接に知らない人たちへの伝道には、欠かせない説明となった。なぜ神が十字架刑の苦悩の内に死んだのか。それが説明されれば、その神が人の体を復活させたとしても不思議ではない。そして本来の居場所である天に帰ったことも、不思議な話ではない。あとは、イエス自身の教えがどういうものだったか、である。

まさにこのように、イエスの十字架上の死の意味がパウロによって説明されたことによって、キリスト教会はイエスの直接の弟子（十二使徒）を超えて、広く信徒を得る教義をもつことができたのである。

10……パウロの真情

この物語を考えついたパウロの心は、おそらく彼の最後の手紙、ローマの信徒への手紙のうちに最終的な姿がある。その末尾にはつぎのようにある。

喜ぶ者とともに喜び、泣く者とともに泣きなさい。互いに思いを一つにし、高ぶらず、身分の

低い人々の仲間になりなさい。自分は賢い者だとうぬぼれてはなりません。(同12：15-16)

パウロはもともとユダヤのインテリに属していた。元の身分は分からないが、あるいは律法学者を気取ったパリサイ派だった可能性がある。ところが、エルサレム近辺に居た当時のキリスト教会の人たちは、学識のない貧しい人たちだった。その教会に迎えられるためには、パウロは真摯に彼らと共感する必要があった。先に引用したことばには、パウロがイエスの弟子たちを前にして身を低くしなければならなかったこと、またパウロが「彼らとの共感」を大事にしていたことが、よく表れている。

しかしこの共感は、イエスが弟子たちに求めていたものではない。イエスの教えは、この著作の後半で説明されるように、個々人が独立して受け取るべき信仰――神を前にする思い――であって、信仰のために仲間を必要とするものではなかった。しかもイエスの教えはユダヤで過去にあった教えとは異なり、特別なものであった。言うまでもなく、そうでなければイエスが当時のユダヤ教会当局に睨まれることは無かったはずである。

一方、普通の生活を送る人間どうしの「喜びと悲しみの共感」は、むかしから民衆の間でよく見られるものである。したがって、それは当時のユダヤ教会の祭司たちも問題にしなかったはずである。旧約続編のシラ書にも、「泣く人とともに泣き、悲しむ人とともに悲しめ」(7：34)とある。現代でも、何らかの不幸に出会った人の間では、共感が最大の慰めになることはよく知られている。スウェーデンの古い諺「喜びは互いに分かち合えば二倍になる。悲しみは分かち合えば半分になる」は、日本のわたしたちにも、じつによく納得できる。

　ところが、北欧の諺と先のパウロのことばの前半「喜ぶ者とともに喜び、泣く者とともに泣きなさい」は、明らかに同じことを語っている。ということは、パウロのこの前半のことばは、イエスの教えから生まれたものではなく、じつはイスラエルかその近辺の土地にあった民間の金言によるものではないかと、推測できる。他方、後半の「高ぶらず」は、傲慢を戒めることばである。こちらは旧約聖書にも出て来る教えである。

　しかし、ローマの信徒への手紙の先のことばには、続けて、「だれに対しても悪に悪を返さず、すべての人に善いことを行うように心がけなさい」（ロマ12：17）とある。こちらのほうも、人によってはよく聞く話に聞こえるかもしれないが、旧約聖書の内には見当たらない。また一般的でもない。一般的には、敵に対しては悪を以て返し、友に対しては善を為せと、教えるからである。なぜなら、敵とは、自分に対して不正をはたらくものを言うからである。敵に善を施して敵を力づけてどうする、というのが日本でも、他の国でも、通常の認識である。犯罪者は捕まえて処罰することが正義であると考えるのは、この通常の認識を土台にしている。

　したがって、悪に悪を返さない、すべての人に善を為せという教えは、通常の認識ではなく、イエス独自の教えだと言える。ルカによる福音書に「善きサマリア人のたとえ話」（ルカ10：30－37）がある。当時サマリア人は、自分たちの神殿をユダヤの軍に破壊されたことでユダヤを恨み、ハスモン家が祭司長をつとめたユダヤ教を受け入れなかった。つまりユダヤとサマリアは宗教上で敵対していたのである。イエスのたとえ話は、そのサマリア人が強盗の被害にあって傷ついたユダヤ人を助ける、という話である。すなわち、日頃敵対視している人の間での愛である。このたとえ話は、有名なイエスの「隣人愛」を分かりやすく教えている。

次のようにも言われている。

敵を愛し、あなたがたを憎む者に善を行いなさい。（ルカ6：27）
あなたがたの敵を愛しなさい。人に善を行いなさい。（ルカ6：35）

また、当時ローマの威光を背景に庶民から高率の税金を徴収していた徴税人は、「罪びと」と言われ、庶民から敵対視されていた。その者たちについても、イエスはつぎのように言ったという。

自分を愛してくれる者を愛したからといって、あなた方に何の報いがあろうか。徴税人でさえもそうするではないか。また、自分の兄弟にだけあいさつするからといって、何か特別なことをしたのだろうか。異邦人でさえも、そうするではないか。（マタイ5：46-47）

イエスの教える「隣人愛」は、旧約聖書のレビ記にある隣人愛ではない。レビ記の隣人愛は、すでに隣人になっている人（友人ないし仲間）を愛しなさい、という教えである。じっさいレビ記にはこうある。「心の中で兄弟を憎んではならない」（19：17）「民の人々に恨みを抱いてはならない。自分自身を愛するように隣人を愛しなさい」（19：18）この文脈では、「隣人」とは「同胞」のことと読める。一方、イエスの「隣人愛」は、敵対する人に対しても正しいことをしなさい、という教えである。福音書に伝えられている山上の垂訓で「敵を愛せ」と教えているのは、この「愛」である。

すでに友である人、家族であるとか、何らかの付き合いがすでにあった人の間で、愛し合い、相手に共感することが大切である、という教えは、案外、一般的に古くから民間の教えにある。他方、敵と見なしていた人間に対して「悪に悪を返してはならない」という教えは、明らかにそれとは異なる教えである。

仲間の間での共感をたいせつにしなさいという教えと、敵に対しても善を行ないなさいという教えの二つは、一方はどこでも聞かれそうな金言であり、他方は珍しい教えであるが、どちらも「いい教え」であることは変わらない。しかし、このふたつの教えは、見分けておかなければならない別々の教えである。なぜなら、仲間内の愛を強める共感は、しばしば敵に対して仲間内で民を結束させるはたらきをするからである。つまり敵対意識を煽るはたらきをする。そして仲間の内の共感が敵対意識を煽る時は、先の二つの教えはどちらもいい話でありながら、教えの内容は対立する。

ところがパウロが書いたローマの信徒への手紙では、この二つの教えがまるで大した違いはないかのように「続けて」述べられている。しかし、今しがた説明したとおり二つの教えは根本のところで違いがある。前者は集団の結束を高めて敵対する集団に対立的に対処することを促す力になりうるが、後者は、必ず、あらゆる敵対を消去して、敵対を止めるからである。したがって、パウロが語る二つの文はつながらない。前者は、仲間となった人と人のつながりの大切さ、悲しみと喜びの共感をうたっている。しかし後者は、各自が、誰に対してであれ、相手が仲間ではなく、仲間の敵であろうとも、同じように正しいこと、善いことをするようにしなさい、と教えている。

つまり前者は、仲間の間のつながりを強くする集団の教えであり、後者は、他者に対する態度を、たとえ敵対していても、正しいことを相手に対してしなければならない、悪いことをされたからといって悪いことをしてはならない、という、あくまでも独立した個人があらゆる相手に対して、つねに、正義を守る教えである。つまり後者は仲間どうしの間で言われる教えではなく、一個の孤独な人間が、すべての他者に対してどのように生きるべきかを教えている教えである。この二つを並べてみると、前者は集団のための教えであり、後者は個人のための教えだから、教えの性格はまったく違っている。また前者が後者の、あるいは逆に、後者が前者の根拠にもなっていない。

ところがパウロは、それらを無自覚に続けて述べている。わたしから見ると、パウロが、後者のイエスの教え「隣人愛」の独自性をまるで認識していないことは、明らかである。少なくともパウロはキリスト教会に集まる信徒集団の結束をより重視して、イエス独自の愛の教えを後回しにしている。

11……キリスト教会の教えの正義

言うまでもなく、死を賭してエルサレムに乗り込んでまで神の教えを伝えたイエスの勇敢さは、どんなにたたえても、たたえきれない。そのことでは、パウロがイエスの死を無駄にしてはならないと考えたことは、同様にたたえられるべきである。それがキリスト教に秘められた正義だとすれば、キリスト教は正義の宗教だろう。とはいえ、パウロの説明にはいくつもの混同がある。もしかしたらパウロも、自分が愚かで自分の説明が多くの混同を含んでいることを感じていたのかもしれない。旧約聖書のなかのイザヤ書に書かれていた一文を根拠にして、彼は「コリント教会への第一の手紙」のなかで、つぎのように言っている。

> どこに知恵者が居るというのか。学者がどこに居るというのか。どこにこの世の論客が居るというのか。神はこの世の知恵を愚かなものとされたではないか（と、預言者イザヤは言っている）。事実、この世は神の知恵に囲まれているのに、人はみずからの知恵によって神を知るには至らなかった。そのため、神は信じる人々を宣教という愚かなことによって救うほうがよいとされた。それというのも、ユダヤ人はしるしを要求し、ギリシア人は知恵を追求しているが、わたしたちは十字架につけられたキリストを宣《の》べ伝えているからである。（コリント教会への第一の手紙〔以下、コリ一〕1：21-23。カッコ内は著者による補足）

この文を読んでみると、パウロは「十字架についたキリスト」を宣教することは、「愚かなこと」を宣教することだと認めている。しかし同時に、「それによって人を救う」ことを、神は「よし」とされたと、言っている。人間は愚かだから、愚かなことでしかもはや救えないと、神は考えたと言うのである。パウロに依れば、ユダヤ人は特別な「しるし」、つまり奇跡や、奇跡的一致、預言その他、神的不思議な出来事によって、神を信ずるように促される。福音書にイエスに依って行われた奇跡が多数述べられているが、ユダヤ人の信仰には奇跡が必要であることを、パウロも認めていたのである。他方、ギリシア人は「哲学」という知恵の追求に依って知られることしか信じようとしないと、パウロは言う。

パウロはギリシア人ではないけれど、ギリシア的教養もあったことが分かる。

しかしパウロは、特別なしるしも、哲学も、どちらもだめだと言う。パウロは、イザヤという偉大な預言者が言うとおり、人間は知恵があると思って奢っているが、本当に知恵をもつ人間は一人もいないと言う。人間は本質的に愚かだから、「愚かなこと」を通してしか「神を知る」ことはできないと、彼は言う。そして神はそうすることを肯った、すなわち、よしとした、と言うのである。そのように考え、そのように言うことで、パウロは哲学の道をあえてたどらない。むしろパウロは、自分が語る突飛な（愚かな）物語こそ、神が愚かな人間を救うために用意した「愚かな道」だと、宣言したのである。

一般に言われる「キリスト教」は、パウロのこの宣言で生まれた。

そしてパウロによって作られた物語とそれに伴う心情が、キリスト教会が信者に教える（伝える）信仰の根幹ないし基礎をなしている。つまりイエスを十字架刑で失った使徒たちの「悲しみ」ないし「悔やみ」と、イエスの復活を見た（とされる）ことによって使徒たちが得た「希望」の二つが、パウロの作った神話によって理論づけられ、キリスト教信仰の大事な基盤となった。つまりパウロの説明に納得してこの二つに共感した人を、キリスト教会は信者に迎え、そのうえで、四編の福音書に伝えられているイエスの教えを、特別な訓練を受けた神父ないし牧師がさまざまに解釈して、集まった信者に向けて説教をする。それがキリスト教会になった。

したがって、使徒たちの信仰の底に在るものは、不正な死についての「悔やみ」がもつ「この世の悲しみ」と、イエスの「復活」という神話によって信徒に約束された「将来への期待」である。将来への期待（「希望」と言われる）というのは、イエスが復活したように、自分たちも将来において復活して天国に迎えてもらえる、という期待である。この期待を約束してくれるという教会への信頼を、一般信徒はもつ。ところで、悲しみと喜びは、特別な学習がなくてもだれにでも理解されるものである。なぜなら、たいていの人が親しい人を亡くした経験があり、他方で、死後には天の国で幸福に生きたいと願っているからである。それゆえ、パウロの説を背景にして、広く、首都ローマに至るまでキリスト教の伝道が行われた。

繰り返すが、イエスの教え自体は、内容的にそれとは別である。異質なものだと言ってもいい。パウロが生み出した信仰を得て教会に入った人が、さらに追及し、探究すべき諸項目として、イエスの教えは「福音書」の形で残された。したがって、それはそれで別に探究されなければならない。そしてこちらのほうは、必ずしも理解できなくても、一般的にキリスト教の信者であることができる。使徒の信仰に共感できるなら信者にはなれるからである。イエスの教えについて特別に理解を求められるのは、神父や牧師となって一般信徒に対して説教をする義務がある人達だけである。

つまり大まかに言えば、一般信徒は「教会」（使徒たち）の「教え」[2]を学んでその思いに共感し、教会のサポーター（支える立場）として、教会に寄金し助力する立場である。教会秩序を実質的に構成・維持するのは、神父や牧師などの司祭職に当たる人たちである。そして司祭職に当たる人たちから信徒は「福音書」に書かれたイエスの教えをあらためて学ぶ。

この種の二重構造は他の宗教組織でも同じである。仏教でも、修行僧とその指導者が教団を構成し、一般信徒は、それを物心両面で支援する。近代民主主義を構成維持する政党、政治家も一般国民をサポーターとしている点で同じである。一般民衆から寄付を得て活動するＮＧＯ（非政府組織）も同じである。

それゆえキリスト教において福音書に記されたイエスの教えを誠実に学ばなければならないのは、教会の司祭職の位置に居るものであり、彼らは必要に応じて一般信徒の疑問に答えなければならない。それゆえ、わたしの見るところ、二つ（パウロとイエス）の教えとそれに基づく二つ（使徒とイエスが教えたこと）の信仰は、区別して考えておかなければならない。ところが、キリスト教会はパウロのときからその区別を明確にはしていない。

以上のことから想像できるように、使徒たちの手紙とは別になっている福音書の主な内容は、キリスト教会が教える一般的な信仰内容とは別に理解することができるものであり、本当はむしろ別に理解されなければならない内容である。ただ、パウロがそれらを安易につないでいるために、混同ないし理解の混乱が起きている。パウロの説明によってそれが起きることは、説明したとおりであるが、もう一つ、キリスト教の理解に同様の混乱を引き起こす使徒の教えについて触れておこう。

それは「ペトロの第二の手紙」のうちに出て来る教えである。この表題によれば手紙の主はペトロと呼ばれたシモンであるが、手紙の内容はギリシア哲学を知る教養のある人物の書いたものである。実際にはパウロの意を承けた別の人物の手紙だろう。

ですから、力を尽くして、あなたがたの信仰に徳を加え、徳に知識を、知識に節制を、節制に忍耐を、忍耐に信心を、信心に兄弟愛を、兄弟愛にアガペーの愛を加えなさい。あなたがたがこれらの徳をおさめ、ますます豊かになるならば、わたしたちの主イエス・キリストを深く知るにあたって、むだ骨を折ることも、むなしく終わることもないでしょう。（ペトロの第二の手紙1：5–8）

この手紙の著者は、「信仰」だけではだめで、信仰に諸種の「徳」（アレテー）を加えなさいと言っている。「知識」と「節制」と「忍耐」と「信心」と「兄弟愛」と「アガペーの愛」が、加えられるべき徳として数え上げられている。一方、古代ギリシア、ソクラテスの周辺では、「知恵」と「勇気」と「節制」と「敬神」と「正義」、あるいは「思慮」が徳として数え挙げられていた。両者の間で、「知識」と「知恵」、「信心」と「敬神」は、それぞれ同じものと言える（知恵のことばは、知識の形をとる。また「信心」と「敬神」は原語のギリシア語がエウセベイアで同じ）。またペトロの手紙のほうの「兄弟愛」（フィラデルフィア）と「アガペーの愛」の二つは、類似のもの（「兄弟愛」とは「隣人愛」を指し、「アガペーの愛」は「神の愛」ないし「聖霊」を指す）と見なすことができる。

引用した手紙文の最初に出てくる「信仰」（ピスティス）は、すでに説明してきたパウロの信仰である。「イエスを十字架刑で失った悼み」あるいは「おのれの罪に対する悔い」と、神の愛のもとでの「復活の希望」がそれだと言える。しかし手紙の書き手はそれだけでは十分ではないと考えて、上記の「徳」を加えるように述べている。

キリスト教会の初期には、使徒や信徒内で見解の相違があり、争いが起きていたらしい。それゆえ、信徒はギリシア哲学で「善い生き方ができる力」を意味する「徳」を、自分の信仰に付け加えるべきだと、この手紙の書き手は言うのである。全部で六つあるが、記述の通り、実質は五つで、そのうち四つまではギリシア哲学で言われていた徳と同じである。しかも「聖霊」については、四百年以上前にソクラテスが「天上の愛」と述べていたものと同じと見ることができる[3]。じっさいソクラテスは、クセノポンが書いた作品『饗宴』のなかで、「天上（ウーラニア）の愛」について「俗世間（パンデモス）の愛」と対立させてそれを述べている（日本語訳は拙著『裸足のソクラテス』春秋社、二〇一七年を参照してほしい）。

したがって、この手紙の主は、パウロの「信仰」に、イエスの教えを加えるのではなく、ソクラテス以来のギリシア哲学の「徳の教え」を付け加えてキリスト教会の教えにしている。すでに述べたように、パウロの信仰は、他の使徒の信仰と共通のものである。しかしそれはイエスを神の子であると信ずるものであったとしても、かならずしも福音書に伝えられたイエスの教え自体ではない。しかも、パウロの信仰によってイエスの教えがスムーズに受け取れることは、保証されていない。

キリスト教の理解に混乱が起きるのは、このように、キリスト教が理想とする人格（信徒があるべき姿）が、かならずしもイエスの教えに基づくものではなく、ソクラテスの教えに基づくものかもしれないからである。言うまでもなく、ソクラテスの教えに基づいても、人は立派な人物になる。

はた目からは、理想的なキリスト教徒と同じくらい立派な人になる。区別がつくことがあるとすれば、キリスト教会にその人が足を踏み入れるか入れないか、それだけかもしれない。

とはいえ、一点だけ、「徳」に数え上げているものが明らかに違う。ソクラテスの教えには「勇気」があって、「忍耐」がない。ペトロの手紙には、「勇気」がなくて「忍耐」がある。つまりキリスト教会は教会員に対して、ローマの支配に勇気をもって反抗するのではなく、遠い未来の復活の希望を胸に、現在の苦境を「耐える」ことを薦めている。ローマの迫害に抗して戦うのではなく、おとなしく「耐える」ことが大事だと、教えていたと言える。じっさいペトロの第二の手紙は、「いろいろな試練に苦しまなければならなくても、心から喜びなさい」と述べている。

初期のキリスト教会はこのような教えをもっていた。この教えで、ローマ帝国内でキリスト教が布教された。ローマ帝国自体は当初の勢いを失いはじめていたところだったので、忍耐の精神を示したキリスト教徒は、争いを捨てることにより、帝国内の虐げられた人々の間から広がり、やがて支配者層にまで広がるようになった。

ところが、支配者層がキリスト教徒になると、「忍耐」というキリスト教徒の美徳が、今度は支配者層が社会の底辺の人々の反抗を抑えるうえで「都合の良い教え」となった。つまり時の権力から何をされても、この世ではおとなしく「耐える」ことが神への信仰だと、教会は教えるようになったのである。こうしてキリスト教は虐げられた人々を救う宗教であったはずが、支配する側にうまく利用され、庶民は死後を期待するしかない宗教となった。のちに共産主義を唱えたマルクスが「宗教はアヘンである」と言った理由は、こうしたことにある。周知のように、自分たちの信仰を

「アヘン」呼ばわりされたキリスト教徒は、共産主義を毛嫌いするようになった。

他方、マルクスの共産主義も、彼自身の目的としては資本主義が生み出した「底辺の人々」を守ろうと思って作られたものだったが、後にレーニンという独裁者を生むことになった。「共産主義」の理想論も、結局はキリスト教と変わらずに、独裁者をつくって人々を虐待する社会を生み出した。

本来のマルクスの「共産主義」は、貧しい労働者を救うことを理想としていた。同様、キリスト教会は虐げられた人々（貧しい人々）を救う宗教であることをうたう。支配者側につく教会に対して、熱意をもったキリスト者によって、いつの時代にも、貧しい人々の救いが唱えられていた。近代に起きたプロテスタント運動も、その種のものと言える。とはいえ、そのキリスト教も、虐げられた人々に「寄り添い」はしても、そのために「支配者に対して反抗する」ことまで人々に薦めるかと言えば、そこまではしない。

近代プロテスタントの嚆矢となったルターも、農民戦争が起きれば、王の側についた。「希望」の実現は、今はがまんして自分の死後にまで延長するのが「死後の復活」を信ずるキリスト教だからである。つぎのようにも言う。

主のために、あなたがたは、すべて人間の立てた制度に従いなさい。主権者としての王であろうと、悪人を罰し、善人を賞するため、王から遣わされた総督であろうと考えて、彼に従いなさい。（ペトロの第一の手紙２：13-14）

この信仰が教えられることによって、イエスを見習い、人のために犠牲になることを目指す「自己犠牲」の人が現れる。古代において現れただけではなく、現代でも現れている。しかし「自己犠牲」というのは、「人のため」を理由にした「自殺」にほかならない。生死を決めるのは神だ、という信仰の原点には違反している。とはいえ、それがわからなくなるほどに、パウロの信仰はどこかに狂信化する種《たね》をもっているのである。

II

イエスの教えを理解するために

キリストの洗礼（ヴェロネーゼ）

12……パウロに依るキリスト教会

ここは今少し言葉を補い、パウロが定めた信仰と、イエスの教えた信仰を橋渡しするうえで必要と思われることをあらかじめ述べてから、さらに章を変えて、イエスの教えについてのわたしの考察を提示しようと考えている。

イエスの十字架上の死についてパウロが作り出した物語は、後に正式にキリスト教会の教義となった。その物語は神のうちに「父と子」を想定し、父と子が理解し合うことがむずかしい関係と、それでも無言のうちに相互に響き合う「愛」を、一つの神のうちに想定している。つまり父と子がたとえ敵対した関係になろうとも、「愛」は、二人の間に「正しい」関係をもたらすことを教えている。

神の子イエスは、父なる神を親しく「パパ」と呼び、たえず祈っていた。ところが父なる神は、その息子を十字架に掛けて無惨に殺したのである。この点では父と子は理解し合っていたとは言えない。とはいえ、それでもイエスは最期まで、父なる神に祈り、信じていた。それゆえ父と子の間には理解は無くても、はたからは見えない父子の愛があった。それは人間の父と子の間によく見られることである。日本で言われることばで言えば、「親の心、子知らず」である。子は親になったとき、はじめて親の思いが分かる。パウロは、民衆が一般的にもっているこの種の経験を「神の子の十字架上の死」の説明に活かして、物語の内容をなるほどと思わせることに成功しているのである。パウロが教えていることと、イエスが教えていることは別だということの理由のうち、大きな部分は、イエスの教えはなかなか一般的に理解しがたいが、パウロの信仰の教えは、このように一般的な人間の経験から理解できることにある。

また、それまでにあったユダヤ教の神は、民衆を戦いの勝利に導き、日頃から厳しく叱咤する国王のごとき、賢い、単純な神であった。それに対してパウロが描き出した神は、同じように力強くありながら、同時に、民衆のなかの人間味を具えた、雑味のある神であった。多くの感情を想像させる複合的な神であった。

パウロの教える信仰には、したがって見たところ良い教えの混合（かき集め）がある。しかし、かえってその多彩な説得力が功を奏して、パウロの教えるキリスト教信仰はギリシア文化地域とローマ人たちの間に、広く伝わったのである。

13……心の中の教え

パウロが宣教したこととは異なり、イエスが教えたのは、まずは「悔い改め」であったと、福音書にはある。しかしその内容をキリスト教会が編集した聖書から読み取るためには、まず前もって知っておかなければならないことがある。すなわち、キリスト・イエスの教えがそもそもどういうものであったかを探るためには、わたしたちが一般に手に取る聖書全体が、イエス自身ではなく、キリスト教会の編集に基づいていることを知っていなければならない。そしてその聖書のうちの福音書を読み解くためには、さらに、書かれていることばを吟味して、イエスがいつも「あること」を前提にしていることを、あらかじめ知っておく必要がある。

イエスが話した内容を繰り返し読んでいると、イエスはいつも、一人ひとりの「心の中のこと」を話しているのが分かる。目に見える金銭や他人の行為や、身体的なことを話していない。ことばでは目に見えるものを取り挙げていても、それは比喩、たとえとして述べている。たとえば「目の見えぬパリサイ派の者たち、まず杯の内側を清めなさい。そうすれば、外側も清くなるであろう」（マタイ23：26）は、「人の清さ」を、目に見えない内側の心と、目に映る外側の身体行動を対比してイエスは語っている。そしてまず内側こそきれいにしなければならないと、語っている。

パリサイ派は律法（法律）にしか目を向けない[4]。実際行動を規制するユダヤの律法を厳格に守ることがユダヤの信仰だと思っている。彼らは、心の中のことは一切省みない。イエスは飲み物を入れる杯を譬えに取り挙げている。杯の内側が汚れていれば、その杯は杯としてのはたらき（飲み物を安全に口にする）ができない。それと比べて、杯の外側の汚れは、当面は無視できる。同じように、心が清ければ、身体の汚れは当面は無視できる。なぜなら悪い行動や発言は内側の心がきれいかどうかであって、身体のそれではないからである。ちょうどソクラテスが、髭は伸び放題、ふろにも入らない身でありながら、人々から慕われていたように。そしておそらく、イエスも同じようだったに違いない。

あるいは、つぎのように言う。

外から人の中に入って来て人を汚すことができるものは何一つない。人の中から出て来るものが人を汚すのである。（マルコ7：15）

人から出て来るもの、それが人を汚すのである。内部、すなわち、人の心の中から邪念が出る。姦淫、盗み、殺人、姦通、貪欲、悪行、詐欺、卑猥、妬み、誹り、高慢、愚劣など、これらの悪はすべて内部から出て、人を汚すのである。（同7：20－23）

聖書にイエスが奇跡を起こして病気を治した話があっても、よく読めばわかるが、彼は医者が弟子に対してするように病気の治し方を教えているのではない。つまり病気の治癒がイエス・キリストの「教え」の目的ではない。病気も病気の治癒も、外側のことである。

イエスが病気の治癒を人に見せたことが事実であったとしても、彼は「神の権能」を見せただけである。これはちょうど、人が高価な装身具で自分の社会的地位の高さを他者に示すことと同じである。その人自身は装身具をもっているだけで、それを作る技術はもっていない。作る技術を教えて、それができる人を育てることができるのは、工人である。預言者やメシアではない。

イエスが病気を治したのは、イエスの話をもっと民衆が聞く気になるように、イエスが「神の如き力」を持っているところを人に見せたのである。もしかしたら当時あったギリシア医学、あるいは、エジプトやペルシアにあった薬草の知識がイエスにあったのかもしれない。かなり後世の話になるが、アリストテレス哲学の碩学としてヨーロッパ中世に知られるようになったアヴィセンナ（イブン・アル・シーナー）は十世紀の人だが、現代のイランでは、薬草の碩学として庶民の間でよく知られているという。

しかし理屈からすれば、病気を治しても、イエスはせいぜい医者と同じ尊敬を勝ち得ることができるだけである。それを見て、自分も同じような医者になろうと医術を習う人は、たしかに出る可能性がある。弟子たちも真似た可能性はある。

しかしその奇跡を見た人の間から、福音書にあるイエスの説教、すなわち、「おのれの生き方を変えて天の国に近づく」話を、イエスから我先に聞こうとする人が、はたして本当に大勢出て来たのか。――わたしは疑っている。イエスの話の主題は、わたしが察するに、おのれを変える種類のものだった。このことは、イエスが「悔い改めよ、天の国は近づいた」と教えたヨハネの跡を引き継いでいると見られることから明らかである。そして「天の国に近づく」ためには「おのれの生き方を変えなければならない」のも、たしかだと思われる。
しかし、イエスの奇跡に出合って、大勢の人がイエスの話を聞きに来たと、福音書は語る。しかしその数が多過ぎるように見えるために、かえって福音書の話が怪しく思えるのである。もともとイエスは山上の説教と言われる福音書の部分（マタイ6：3、6：16）では、施しや断食など、自分の信仰のすばらしさを他人に見せるな、と語っている。人目に付くように奇跡をやって見せるという行為は、その教えと矛盾する。イエスが自分の教えに矛盾する行動を堂々と行ったとは思えない。したがって福音書には、大勢、雪崩を打つようにイエスに従う人がいたと描かれているが、本当のこととは思えない。
じっさい、別の個所では、イエスは生まれ故郷では自分の話を聞こうとしてくれる人が居ないことを嘆いている。

イエスは「預言者が敬われないのは、ただ自分の郷里や家においてだけである」と言った。（マタイ13：57）

また次のようにも言った。

狐には穴があり、空の鳥にはねぐらがある。しかし、人の子には枕するところもない。（マタイ8：20）

狐の穴も鳥のねぐらも、自分が出た家をたとえている。イエスは休み場所を提供してくれる家すら、ふるさとにはないと、嘆いている。

それゆえイエスが起こしたという奇跡は、たとえあったとしても、イエスが望む結果には結びついていなかった。むしろ聖書にあるこの種の奇跡物語が真実であったとすれば、この奇跡物語が教えてくれていることは、かえってつぎのことである。

奇跡を求める人は、目に見える証拠を欲しがる人であり、目に見えるものしか信じない人である。そういう人の耳には、イエスの教えは、結局、届かない。イエスの弟子たちがイエスの教えを理解できなかったのは、このことが原因だったと思われる。

キリストの教えは目には見えない「心の中のこと」についての「教え」である。目に見える身体やその行動についての教えではない。したがって、他人の様子をどれほど知っても、あるいは、世間の出来事をどんなに知っても、また、たくさんの本を読んでいても、自分の心の中を見ることができない人は、キリスト・イエスの教えを学ぶことはできない。

14……心の中のことの学び

だれでも経験しているように、他人の心の中は、見ることができない。直接見る（直接経験する）ことができるのは、自分の心の中だけである。心の中としては、それしか人は実際に「見る」・「経験する」ことができない。ところで人は、自分が知っていることによってのほか、新たなことを知る（学ぶ）ことはできない。したがって、人は自分の心の中ですでに経験したことによってのみ、イエスが教えようとした「心の中のこと」を、自分の体験に基づいて知ることができる。

そしてさらに言えば、自分で考えたことがあるだけ、他者の考えを理解することができる。深い思索の結果生まれている文面がむずかしいのは、自分にその経験、同じだけの思索の経験がないからである。たとえば、わたしには数についての思索がほとんどない。したがって数学者の思索はまったく理解できない。数の世界の内に定理を見つける数学者の喜びは、おそらく日常のことばのうちに美（詩）を見出すようなものだろうと想像することはできるが、その思索自体は理解できない。

さらにまた、幾分かは性差もある。女性は赤子を育てる局面に置かれることが多い。赤子は目前のこと、手に触れること、口に入るものにしか反応しない。その赤子を育てるためには、やはりその赤子の思いに共感する能力が必要とされる。そのために、女性は一般に目の前の人に共感する能力を発達させる。したがって、女性は男性よりも一般に具体的なもの、具体的状況への感覚が鋭く、豊かになり、それについての経験を多く持つので、理解能力がこの方面で強い。

他方、男性は、目の前のことより、少し離れたことに目を向ける能力を発達させる。歴史以前では、狩りの対象となる動物の足跡から動物の動きを察知するとか、家から離れた所へ出て行き、帰って来る経験、あるいは、自分の仕事の結果が将来にどのような結果を生じるかについての予測など、目の前に無いことへの関心を養うことが多い。そしてそれとともに、より抽象的な言語能力を獲得しやすい脳をもつようになる。したがってイエスの教えについても、その「哲学的部分」は、男性脳のほうが理解しやすく、他方、「隣人愛」については女性脳のほうが理解しやすい。

言うまでもなく、性差よりも個人差のほうが大きいので、個人の内に性差を超えた能力が現れるとき、学問や芸術の世界で一流人が現れる。哲学や宗教の分野でも、同じだろう。イエスもその一人であることは間違いない。とはいえ、イエス自身は、どれほど特別に高度な能力をもつとしても、自分が神扱いされることは望まなかったに違いない。おごり高ぶる人は、旧約聖書でも神に敵対すると言われているからである。

繰り返すが、心の内でのみ経験されることについて思索を深める経験をもたず、心の外に在って目に見えるもの、手でつかめるものしか信用できないなら、人は心の中でも、そういうものばかりを追う。そのような人は、外に在るものに対する自分の欲望に従う。そういう習慣に染まっている。したがってそういう人は、そういう心の体験しかもたない。あるいは、そういう記憶しか心に残っていない。そういう心には、イエスの教えは決して届かない。

すなわち、欲望から離れて、自分の心の中を熱心に見ようと考えないと、「心の中の教え」であるキリストの教えは、学ぶことができない。なぜなら人は、見たことも聞いたこともないことについては、言われても何のことかわからず、学ぶことができないからである。

たしかに、欲望を離れるなら、その自分の心を見直したとき、心の内はいつも「空っぽ」で、追求すべき「実体」と見えるもの、確かなものとして信じられるものは、何も見つからない。現代人はそのために、心の内を見ることをすぐに止めてしまう。しかし目に見えない神の居る方向を見つけるためには、心の内を見ることに慣れていなければならない。教えを聴く機会があったとしても、心の内を見る経験が短かければ、心の内には自分の欲望以外に何もないのだから、自分の心を見つめ直すことは無駄に思えて、止めてしまう。

これは、おそらく実物の映像に囲まれている現代人にとって珍しくない風潮である。心の内にある思い出も、映像を残さなければ、あるいは、それをたくさんの人に見てもらわなければ、気持ちが収まらない。その結果、各自が目の前のものを次々と撮影してインターネットの交流サイトに揚げている。たくさんの人からの反応が得られたとき、自分が現に経験して心に納めていることが、はじめて「事実」として認められたと、信じられる。これが現代人の心の寂しさというものだろう。

近代において、ヨーロッパで科学の進歩がキリスト教会から白い目で見られたのは、ヨーロッパでも、目に見える世界に神の存在を探す近代科学者の思いが人々の信仰を空しいものにしていたからである。じっさい、天空の彼方に神が存在しないことを知ったことは、近代科学の時代を迎えたヨーロッパの人々の心を混乱させた。天体も、物理の法則通りに、つまり地上の目に見える物体と同じように天空を動いていると知ったことは、当時のヨーロッパの人々の信仰心をぐらつかせた。カトリック教会が新しい宇宙像を語ったガリレオ・ガリレイを裁判に掛けたのも、ヨーロッパ人の信仰心を守るためにどうしても必要なことだったと言える。そしてこのことは、翻って、外の世界ではなく、心の世界の内に神を見つけようとすることが、ふつうの人にはいかに容易でないかを示している。

しかし、わたしたちは昔の人たちを笑うことはできない。現代人はコンピューターが作り出したインターフェイスの虚構世界に慣らされている。見ず知らずの人が作ったフェイク・ニュース、作られた画像に、多くの人が心を占められ、踊らされてしまう。踊らされていることで、不安を忘れ、そのときだけが、生きがいのあるときになってしまっている。

しかし、この精神状態でイエス・キリストの「教えを学ぶ」ことはできない。自分の心の内に、ある種の「真実」を嗅ぎ分ける力が残っていないと、あるいは、ふだんから地道にその力を養っていないと、イエスの「教え」は何度聞いても、わけがわからないものでしかない。イエスの教えを学ぶ力は、自分の心の内にしかないからである。

あらかじめその力について、あえてつぎのように言っておこう。「これは確かに正しい」と思える何かが、自分の心の中に見つかるか、見つけられるに違いないと、「あなた」がまだ自分を信じることができるかどうかである。それが、イエスの教えを学ぶことができるかどうかを決める。できなければ、あなたはイエス・キリストの「教え」を学ぶことは、決してできない。あなたが、自分がまったく信頼できず、心の外に居て、虚構の情報を作る他者を信頼するほかなくなってしまっているのなら、もはやあなた自身がイエス・キリストから学んで「自身を改める」（新しくする）ことはできない。

なぜなら、繰り返すが、イエスの教えは、心の内の出来事だからである。イエスの話を聞いて、自分が心の内で確かに経験して来たことを思い起こすことができなければ、イエスの話はあなたにとって訳の分からない話に過ぎない。なぜなら、繰り返すが、人は自分の体験をベースにして話を聞くことができたとき、はじめてその話を理解し、納得することができるからである。

したがって自分の心の内に「確かな経験」があって、それによって自分の心がイエスの話を理解しようと、そもそも意欲できなければならない。自分の心に確かな経験がなければ、確かな経験をベースにした理解は、決してもつことができない。イエスの話を聞いても、自分の心の内にイエスの話の中身に一致する自分の心の経験がなければ、イエスの話は、耳にしても、到底、理解できないのである。

逆に言えば、もしもイエスの話を聞いて自分の経験をベースに理解できるものがあるとすれば、あなたには「自分らしい生き方」をもつ希望がある。なぜならキリスト教会の立場からすれば、イエスの話は、キリストであるイエス自身が、神である自分の「自分らしい生き方」が、それにもとづいてできた話だからである。じっさい、イエスの話は、イエス自身を「キリスト」（神の子）にした「教え」である。イエス自身が救われ、人の神となった教えである。それを学ぶことができる心は、イエスと同じように、自分自身をキリストの真実に近づけることができる心だと、間違いなく言うことができる。

15……キリスト教信仰とは

キリスト教は、一般に、「神であり人であるイエス・キリストが唯一の救い主であると信ずることによって、人が救われる」宗教だと言われている。

しかし、ここに括弧づけで言われていることをお題目のように唱えていれば救われる、ということでは無論ない。少なくとも、聖書か、聖書の内容を知っている人から「神であり人であるイエス・キリスト」が「どういう存在か」、「どういう人か」、「どういうことを言っていたか」ということを、いろいろと教えてもらわなければ、上にあるような定義があっても、それは雲をつかむようなことになる。また、それを教えてもらったあと「あなたが、イエス・キリストという名に『神のような人』を心にイメージできる」のでなければ、やはりあなたは救われない。つまりイエス・キリストの名に関していろいろと教えてもらう内容が、神自身から聞く話のように、「あなたの心」に深く響かなければ、キリスト教を信ずる条件が整わない。

さらに、ことのほか気を付けなければならないことは、つぎのことである。「ほかの人がキリスト教を信じているかどうか」は、自分がキリスト教を信ずるかどうかを決めるものではない。他人頼みで何事も決めている人は、だれか周りの人が信じているかどうかで、「自分も」信じようとするかどうかを決めている。しかし、それは実際にはキリスト教を信じることではなく、周囲のだれかを信じることである。神を信じているのではなく、神を信じていると当人が言っているその人の言説を信じているに過ぎない。その人は神の如く誠実な人なのか、それとも時々は嘘をついて逃げている人だろうか。そのことを考えてみる必要がある。

繰り返すが、他人の心の中はだれも見通すことができない。キリスト教が神を信じるように勧めるのは、人間は究極的に「弱いもの」だからである。人間は、真実を前にしても、自分の死や痛みを恐れて逃げ出してしまう生き物である。イエスの弟子たちが、イエスが捕まったとき、逃げてしまったように、人間はどうしても身体の危険を前にすれば心がくじける。他人頼みの信仰は、人間がそういう弱みを隠すために作った偽りの信仰に過ぎない。しかしこの信仰では、自分のいのちをかけて神を信じることはできない。

それゆえ、最初に揚げたキリスト教の定義の最後にある「救われる」の主語は、「あなたが」でなければならない。ほかのだれでもなく、「あなた一人が」でなければならない。「人間一般が」ではない。たとえ神から「あなた」と呼びかけられる人の数が地上の人間の九割に達したとしても、「人間一般」がキリスト教によって救われていると理解するなら、それは救済宗教の理解としては誤りである。なぜなら、救済宗教が救うのは具体的な「あなた」という個々人であって、人間一般ではないからである。さらに、個々人を救うときも、それがいつかと言えば、個々人が現に生きている現実の「今」だけだからである。

しかし、「今」の時点で自分が救われたと言える実感があるなら、その後の「今」においてもキリスト教は「わたしの今」を救い続けることができると、信じることが出来る。なぜなら、「今のわたし」をキリスト教が救っていると知られるのなら、つぎの「今」も同じように救ってもらえると、信じることができるからである。それは自分がこの世から居なくなるまで続く。それゆえにキリスト教は「永遠の救い」ができると、信じられている。

16……イエス・キリストを信じること

イエス・キリストを信じることは、イエスを神と信じることである。そしてそのためには、すでに述べたように、イエスが述べていたことを聴いてイエスの内に「神」をイメージできるのでなければならない。イエス自身がいかにも神であるとイメージできることがらを、イエスが教える教師として、彼を知る必要がある。そしてそのためには、じっさいにイエスの教えを学んだとき、自分の心が、そのように動かされることを実感できなければならない。

したがって、彼が神であると「信じる」ためには、先に彼の「教えを学ぶ」必要がある。なぜなら、前述したごとく、その教えが、イエスを「神」にしたからである。そして学ぶためには、イエスが述べたことを、あなた自身が「わかる」、「納得できる」ことが必要である。

何の学びもなしに信仰があるというのは空虚な妄想でしかない。キリスト教信仰をもつためには、その聖書に伝えられたイエスの「教え」を、「あなたが」学んでみて、真実にイエスのうちに、あなたの「神」を実感できなければ、始まらない。

17……キリストは他者の罪を贖うことができるか

使徒の信仰とイエスの教えとの一致とギャップを見ておこう。

パウロが言う「人はだれしも罪びとである」（ロマ３：９）という理解は、たしかにイエスの教えに含まれている。人を救うイエスの教えの根幹であると言ってもいいものである。じっさい、「罪人であること」は、キリストに「救われる相手であること」だと言われている。「わたしが来たのは、正しい人を招くためではなく、罪びとを招くためである」（マタイ９：13）。したがって、あなたが罪人でなければ、キリストに救われることはない。それゆえ、「人はだれしも罪びとだ」と、パウロが言うとき、キリストに救われるのはすべての人であることを意味している。パウロは、キリストが望んだ「すべての人の救い」を実現する道を、キリストに一致して選んでいると言える。

ところが、パウロは、すでに述べたように、イエスが十字架に掛けられたことによってほかの皆の罪が「贖われた」と言う。つまりイエス以外の人は、イエスの十字架上の死によって、「罪とその賠償金額」が記された帳簿の記録の一切を「反故」にしてもらったというのである。イエスは、そのために死んだと、パウロは言う。

しかしそのようにパウロが言う理屈は、イエス自身の教えにはまったく含まれていない。イエスが弟子を含め、人々に救いの道を教えていたのは、まだ彼が捕まる前のことである。イエスが十字架に掛けられることなど、そのときはだれも知らなかったはずである。少なくとも弟子たちには予知能力があったとは言えない。神であるイエスが予知してそれを弟子に教えたことがあったとしても、弟子たちはそのときには何のことか分からなかっただろう。そして何のことか分からなかったものであれば、弟子が救われるための教えとしてイエスからそれを受け取ることは、到底できなかっただろう。

また、イエスがわたしたちと同じ「人間」であれば、イエスが自分の運命を予知することはありえない。したがって、いずれにしろ十字架に掛けられたイエスの死をその内に含む教えは、イエス自身が生前に弟子に語った教えではありえない。それゆえに、キリスト教会の最も重要とされるパウロの教えは、イエスが生前に弟子（使徒）に教えたものではない。そしてその理由は、キリスト教会はイエスが十字架で亡くなった後に、パウロを含めた弟子の悔い、悼み、すなわち、「イエスを失った悲しみ」と、そして弟子の心に生まれた「復活の希望」から生まれているからである。

もともと「教会」を意味するギリシア語「エクレシア」は、本来、「集会」を意味する。したがって、キリスト教会とは、キリスト教徒の集会の意味である。ところで、すでに述べたように、イエスの死後、パウロに連なる弟子の伝道によって使徒独自の教えを信ずる人たちが「キリスト教徒」と呼ばれるようになった。その場所も、エルサレムよりはるかに北に位置するアンティオキアというギリシア系の町においてであった。つまりキリスト教会が産声を上げたのは、シリア地方のアンティオキアであって、ユダヤの宗教都市エルサレムではない。ましてやイエスが生まれ育ったガリラヤ地方のナザレではない。したがって、キリスト教会はイエスの教えとともに始まったのではなく、イエスの「弟子の教え」の拡がりとともに始まったのである。じっさい、それゆえ古代から中世に至るキリスト教神学も、イエスの弟子たちの教えを「哲学した」（知的に吟味した）内容であって、イエスの教えを吟味しているものではない。

これらの事実からしても、キリスト教会の教えは、もともと生前のイエスの教えではなく、イエスが亡くなったあとに作られたイエスの弟子（使徒）の教えであることは、明らかである。したがってイエスが言ったことではなくても、「イエスを神と信ずる」ことが、キリスト教会の教えとなった。

それゆえ、イエスを神であると信ずることがキリスト教である。この前提があるから、キリスト教は、神であるイエスは自分の死を予知していたに違いないと考える。そして生前のイエスは、死後にできたキリスト教会の教えは真実であると、前もって認めていたに違いないと、キリスト教会は考える。

しかしこれらはあくまでも、あらかじめイエスを神と認める者にだけ許される主張である。そして、おそらく弟子（使徒）たちにしても、イエスの死後、イエスの復活を信ずるに至って、はじめてイエスを神と考えるようになったに違いない。それゆえ、たとえ使徒の手紙に書かれた信仰にもとづいて「福音書」が後に書かれたとしても、その福音書の内に伝えられたイエスの教えは、使徒の信仰と、かならずしも一致しない部分があっても、驚くようなことではない。なぜなら、じっさいに福音書を読んでみても、イエスの教えは、イエス生前のときに弟子たちに正確に受け取られていたようには、とても思えないからである。

或るとき、イエスは弟子たちを叱りつけて言っている。


どうしてあなたたちは、パンを持っていないことを論じ合うのか。まだわからないのか、悟らないのか。あなたたちの心はそんなにかたくななのか。目があっても見えないのか。耳があっても聞こえないのか。（マルコ８：17－18）

だからどう聞くべきかに注意しなさい。（ルカ８：15）

したがって確かなことは、生前のイエスの教えと、死後に生まれたキリスト教会の教えは、この歴史的事実からすれば、明確に別々なものとして考えなければならない。わたしたちがヨーロッパの知識人たちによるキリスト教の説明に十分な理解が及ばないのは、わたしたちに理解力がないからではなく、キリスト教会による説明（すでに中世において、キリスト教会の教義についてはかなり徹底した哲学的吟味が「神学」の名で為された）が、あくまでも使徒の信仰を土台にした教えの解釈にとどまるからである。

ヨーロッパ中世の「神学」では、イエスの教え自体は、まず主題とされない。主題になるのは使徒の信仰にもとづいて聖アウグスティヌスが考えたキリストや聖霊についての解釈であり、イエスの教え自体の吟味ではない。イエスの教え自体は、「神のことば」だから、むしろキリスト教徒から見れば罪びとであったプラトンやアリストテレスの哲学が手を付けてはいけないものと思われていた（ようにわたしには見える）。

18……「信仰」という言葉の理解

わたしたちは日常生活のなかでは自分の言うことが相手に当然伝わっていると思って話している。話す相手が自分とふだんから同じような物事に接しているために、使っている「ことば」の意味が互いの間でほぼ同じ意味になっていることが通常だからである。しかし、日頃から接しているものに違った印象をもつ人の間では、同じことばが違った意味で伝わる。「家族」も、その中の人間関係はメンバーの人柄によって変わる。「家族」のイメージを「楽しい」ものとして受け取る人も居れば、「辛い、逃げ出したい」イメージで受け取る人も居る。あるいは「政府」を、自分の生活を保障してくれる頼もしい相手と受け取る人も居れば、自分の生活を保障してくれず、むしろ自分の生活を破壊する敵側を支えていると、受け取る人も居る。

イエスの言う「信仰」、あるいは、「信ずる」という言葉の意味も、自分が今思っているとおりのものだと、キリスト者でない者が安易に考えることはできない。「神」ということばが指しているものも、「信ずる」という心のはたらきも、目に見えるものではないからである。目に見えるものなら、姿形、色、位置、大きさ、等々によってそれぞれを区別できる。声や音や肌触りによっても、ある程度は言われたことの区別ができる。そうしたものなら、冷静に、つとめて客観的に当の物を見れば、ほかの人が理解したと同じ意味を、ことばから受け取ることができる。

しかし目に見えず、耳に聞こえず、触れることもできないものとなると、そうはいかない。その意味を知るためには「ことば」に頼るしかない。しかも、その頼るべき「ことば」が意味しているものが、やはり目に見えないもの、耳に聞こえないもの、触れることのできないものだとすれば、とにかくあれこれ想像してみるほかない。

イエスが口にする「神」とか「愛」とか「聖霊」とか、どれも目に見えないもの、手に取ることのできないもの、指し示すことができないものである。たしかに福音書のなかで、イエスは金銭や杯など、手に取ることのできるものを口にして、目に見えない「何か」をたとえる話をしている。しかし「たとえ」が意味しているその「何か」は、やはり目に見えないものである。イエスの教えを理解することは、案外、八方ふさがりにも思える。

他方、目に見えないものを言っているという点では、パウロたちの信仰も同じである。とはいえ、パウロたちの信仰は、説明したように、イエスの十字架上の死のショックを起点として生まれているると推察できる。イエスの教え自体は、弟子を襲ったショックの背景に押しやられている。イエスの死を悲しんで集まった者たちの間で悲しみを分かち合い、ようやく楽しかったことを思い出すことができるようになったとき、こんなことがあったなあと、思い出を語り合う中で触れられたのが、イエスの教えだったと考えられる。それを聴くことで生まれたパウロの教えの中では、イエスの教え自体は、思うに、イエス自身を神の如き人と信じる信仰の後ろに、切り離すことが出来ない「しっぽ」のように引きずられているだけだったように見える。あるいは、キリスト教会という名のリヤカーの荷台に載せられた「宝」だったように見える。

弟子がそのショックを受けた光景は、弟子の目に、実際に見えた光景である。わたしたちも同じ光景を親しい師の姿として見ることがあれば、同じようにショックを受けるだろうと、推測できる。それは人生の中で親しい人、あるいは大切な人を失う経験に接したことがあれば、十分に想像できる。その点では、パウロたちの信仰がどういうものか、肌の色も住む土地も異なるわたしたちにも見当が付く。

パウロが、信仰において争いが起きていたコリントの教会に送った第一の手紙の一文を紹介しておきたい。

わたしがまずもっとも大事なこととしてあなたがたに伝えたのは、わたしも受け継いだものです。すなわち、それはキリストが、聖書に書いてあった通りにわたしたちの罪のために死んでくださったこと、葬られたこと、また聖書に書いてある通りに三日目に復活したこと、そしてケファに現れ、次いで、十二人に現れたということです。(コリントの信徒への第一の手紙〔以下、コリ一〕15:3−5)

パウロのことばによると、このときすでに、かれらの聖書となっていたものがあった。そしてそこにはキリストの死と復活のことが書かれていた。パウロは、そのことを預言した旧約聖書のどこかの個所――たとえば第二イザヤ(イザヤ書40章から55章)と呼ばれる箇所――を考えていた。あるいは、福音書が出来る前、弟子たちの間ですでに記述されていたものがあったのかもしれない。しかしそこには、まだイエスの教え自体は、書かれていなかったのだと思われる。

パウロは、まずキリストが自分たちの罪をつぐなって死んだこと、そして葬られたけれど、復活を信ずることで、わたしたちは希望が持てるのだと言う。「最後の敵として死が滅ぼされる」(コリ一15:26)とパウロは言う。自分たちの間で未来への希望が生まれていると言うのである。それが彼の伝えるキリスト教信仰である。

したがって、キリスト教は日本では明るい面が強調され、結婚式やクリスマス・パーティーの様式でそのイメージが広がっているが、実は「イエスの死を悼む」宗教として出発している。たしかに「復活」の希望がその癒しとして教えられるが、第一義には、イエスという人生の教師が殺されたことを「悼む」ことが、キリスト教会が教えることなのである。

クリスマスを一二月二五日に決めたのは四世紀の教皇で、当時はこの日に冬至の祭りがあった。

しかもその祭りは、もともとローマにあったミトラ教のものだったのではないかと言われている。そのために早い段階からクリスマスは、キリスト教内でも「行き過ぎた」お祭り騒ぎが起きていたらしい。とくに北西ヨーロッパでは豚などの解体や豆の収穫、ビール造りなど、長い冬を乗り越えるための準備が整う頃なので、人々の間で騒々しい宴が起こりやすかったと見られている。

しかし現在の欧米では、イエスの誕生を祝うクリスマスは、「家族内で」それも静かに祝われると聞く。他方、春の兆しがある頃に「復活祭」がある。こちらはイエスの復活により、私たちの未来に「希望」を抱かせる明るい祭りである。十字架で亡くなった日（聖金曜日）はその三日前であり、イエスの死を悼む日となっている。この日のことが一般の日本人の耳に届きにくいのは、毎週日曜日のふだんの教会の祈りが、いつもイエスの復活を祝う祈りになっているからだろう。

言うまでもなく、生前のイエスが人間社会で成功者であったことなど一度もない。日本でイエスを人間社会の偉大な成功者であるかのように祝うのは、キリスト教の原点理解がないからだと思われる。逆に言えば、日本におけるクリスマスの陽気な騒ぎは、日本にはキリスト教信仰を理解している人がとても少ないことを表している。

今の日本では、「キリスト教」という名は、教会の結婚式や親しい人が集まって楽しいパーティーを開く理由にされている。そのイメージばかりで理解されてしまいがちである。しかし聖書（新約）は、イエスが亡くなったあと、まだその悲しみを引きずっていたときにできたものである。そこに出てくることばは、実際には暗いイメージのものばかりである。聖書を読むとき、そこにイメージのギャップがありすぎて日本人には訳が分からなくなる、というのが現実である。

一方、イエスが教えようとしていた「信仰」は、理解するためには心の内の経験を豊かにもつことが必要である。そのため、一般に理解することが困難なものである。しかしそれだけでなく、イエスが亡くなったあとの世代のパウロの言う「信仰」も、十字架上の死という過酷な事態を想定しているために、日本人の大部分は、やはり理解できない。

19……虐げられた人々と「支配の教義」

パウロが当時のローマ帝国内に広めたキリスト教信仰は、説明したとおり、第一義的には、十字架刑で殺されたキリストの姿から弟子たちの心に生まれた「悼み」と、キリストの「復活」を信じた弟子たちの心に生じた死後の未来への「希望」だった。つまり、今は虐げられて苦しい生活をしていても、いつか、それも生きているうちにではなく死後のことであっても、そのときが来れば自分たちにも復活があって、天の国に生きることができるという希望である。そのことを神はキリストの死と復活を通して教えてくれたのだから、その神を信じれば、わたしたちはその希望を確かなことと信じて、喜びをもって生きて行くことが出来る、というのが、キリスト教信仰だった。

しかしキリストの死の「悼み」と復活の「希望」だけでは、虐げられた人たちが「善い人」になるためには、不十分である。各地の教会で争いが起こり、分断が生じる。信仰さえ誓っておけば何をやっても許されると言って欲のままに生きる教会員も出てきたらしい。それゆえに、すでに指摘した通り、キリスト教会はギリシア哲学の「徳」を自分たちの「信仰」に付け加えて信徒の間での争いを納めようとした。じっさい、パウロの手紙にはイエスの教えは不十分な仕方でしか含まれていない。パウロ自身、イエスの教えを十分には理解していなかったと、推測できる。

じっさいパウロが示したイエスの教えの説明は、当時のヘレニズム社会の良識が反映されている。つまりパウロも、おそらく自分がヘレニズム文化で育てられて知っていたこと以上のことは、イエスのことばを聞いても、よく分からなかったのだと思われる。

20……日常とわたしたちの常識

わたしたちは、日常の経験を土台にして「ことば」を理解している。他者の話を聞いたとき、その話が納得しやすく聞こえるかどうかは、じつはあなた自身に、日常の経験を通じてすでによく納得していることがあって、他者の話が、それにうまく当てはまっているかどうかなのである。当てはまっていれば、わたしたちはすぐに納得してしまう。週刊誌のいい加減な記事やデマが広まりやすいのは、日頃から記事に書かれデマになった内容に近いことが自分の経験のなかにあるからである。本当は、デマを耳にする、あるいは、記事を読む前から読者が納得していることが、その記事の理解に大いに貢献しているのである。

「そういうことは、よくあること」だと納得していることがあると、記事の内容は「それだけ真実らしく」読者に伝わる。読者は「思った通りだ」と思う。その情報は、たんなる想像ではなく、隠されていた真実が自分が思っていた通りに暴かれたと思って、喜ぶ。その情報が本当は偽であったとしても、真実として急速に広まる。他方、その反対になれば、読者は疑念のほうを募らせて、面白くないと、今度は世間の話題にならなくなる。したがって発行部数を伸ばすことのみを目標にしている週刊誌の記者は、俗受けすることに敏感であることが大事である。そのためには当人がだれよりも多忙さに振り回されて自ら考えることもままならない民衆の感覚を身につけている必要がある。

そういう民衆とは、一般に貧しく、仕事に生活のほとんどの時間を捧げていなければならない人々であり、多くは虐げられた人々である。そして人は、真実よりも、虐げられた人々に共感することが正義だと、安直に考えてしまいやすい。

また人間は、面倒なことを考えることを嫌う。ものごとは効率的に、一面的に考えるほうが単純でわかりやすい。平和よりも戦争が、巨利を得る単純な道である。他者のものを奪うほうが、自分たちが地道な努力で利益を得るよりも、つねに早いからである。ことに平和のうちに働いて利益を得るためには、利益をつねに配分して人々の協力を得る必要がある。独占していれば、不和が生じ、協力が得られなくなるからである。個人の力だけで利益を確保することは、一般的にむずかしい。人は必ず複数の人々の協力を得ることで利益を得ているからである。

他方、戦争は独裁者の命令に従う人々が居れば、敵対者から一方的に利益を奪うことができる。しかも負けるリスクがあっても、リスクの高さが、その後の勝利の際の利益につながる。命を張ったことが、勝利者の大き過ぎる権利をつくる。賭博でも、掛け金にできる所持金の高さが勝利の際の獲得金額を大きくする。戦っている間はリスクがどちらに傾くか分からないためにそのように見えなくても、勝利を得れば、相手のもっていた利益をすべて得ることができる。それが戦争の利益である。そして戦うとは、相手を「やっつける」（殺し、半殺しにする）ことだけであって、それ自体は単純な心積もりで十分である。命令に従う兵士のことも、戦力になりさえすれば、それでよいと考えられる。

じっさい日本のように外国との戦争に不慣れな国は、「国民を守るため」と称しながら、いざというときにむしろ一般国民を盾にして軍隊を動かす。第二次大戦中の「沖縄戦」はそのよい例である。なぜなら、国民の避難までしていたら効率的に戦争ができないからである。そして民衆も、それを「戦争だから仕方ない」と、簡単に納得する。

このようにわたしたちは、ふだんの生活経験によって理解を進めることを日常としている。そして人はふだんの生活そのものに疑問を懐くことはまれである。ふだんの生活の内に疑問を懐く必要性は、いつも通りに進む日常生活の中ではなかなか見出すことができない。したがってふだんの生活を支えている考え方、価値観を、わたしたちは考え直してみることもなく、無意識のうちに身に付けて疑わずにいる。そしてそれを身に付けていない人を、非常識な人と判断して非難しがちである。

21……分業体制

この社会を構成している「分業体制」は、わたしたちが行う社会的協力の土台となっている。言い換えると、一種の「助け合い」として理解されている。したがってこの体制は「よいもの」だと考え、わたしたちは疑問をもたない。じっさい近代産業社会の代表的な経済理論を示したアダム・スミスの『国富論』は、分業によって生産効率が上がるという事実の発見が原点だった。一人ひとりが専門的に技術を磨いたほうが、あれもこれもと手を出すよりも、作業ははるかに効率的になる。現代でも仕事を得るということは、人間社会の分業のうちの一角に自分が入ることを意味している。

わたしたちの周りには自分に向いた仕事が何かわからないと悩む十代の若者がたくさんいる。若者は、自分が分業体制に組み込まれなければ社会の中で皆に認められて生きて行くことが出来ないと、無自覚に認識している。これも分業体制のみが人間らしい生活であるという無自覚な認識が広まっているからである。自分に向いた体制の一角が見つからなければ、いつまでも悶々とした日々を、この社会で人は過ごす。

分業体制はさまざまな職業を成り立たせる。したがって多様な個性を生かすことができると、多くの人は考える。分業体制が人の個性を育て、人の個性を社会の中で輝かせるから、分業体制は人間にとって優れた体制なのだという。しかしこの場合、人の個性の評価は、分業体制の視点からだけなされる。すべての人にそれぞれ個性があったとしても、かならずしもそのすべてが、分業体制の社会から価値があると認められることはない。或る人の個性が仕事に合えば、その個性は仕事のうちで輝く。しかしそうでなければ、個性は社会に認められない。あくまでもその人が属している社会の分業体制に個性が合致していなければ、その価値は社会に（一般他者に）認められない。

しかし、人間は、本来、個性ゆえに「生きている」のではない。個性は多様性の面白みを個人に加えるが、人間が現に生きているのは、単純に神に与えられた「いのち」があるからである。人間に個性があるからではない。個性などなくても、人は、その人に「いのち」があるなら、それだけで生きていることができる。他人の評価は、生きている事実の後に社会から付け加えられているものに過ぎない。ところが人は社会の分業体制の組織によって生かされている側面が強くなるにつれ、社会的評価によって自分の「生きる資格」を考えるようになった。しかし社会的評価は集団内の役割評価であって、当然、社会集団の状況によって左右される。

人が生きるための諸条件（命と生活の安全、主体性の自由、平等）を、人間すべてに「人権」（人間の正義）の名で認めることは、ヨーロッパではキリスト教神学との関係を強くもっている。人権は天与のものであるという言い方にそれは現れている。しかし、現代科学の知識では、生きているのは人間だけではない。無数の種類の生き物がすべて生きている。神はそのすべてに「いのち」を与えていると言わなければならない。「いのち」はすべての生き物に平等である。したがって「生きる」権利は、他の生き物にも、同等に在ると重んじられなければならない。イエスの弟子が作ったキリスト教会は、人間のみに「生きる」権利を神の下に主張していたが、それはすでにイエスの本旨を狭めている。

ユダヤ人のイエスは、他の動物や植物を同等に見ていたはずはないと、考える向きもあるだろう。確かに、ギリシア人であったソクラテスは、同等に見ていなかった。彼は、神への挨拶として当然のようにニワトリなど、生贄を捧げていたからである。しかし、ルカによる福音書には、「狐には穴があり、空の鳥にはねぐらがある。しかし人の子には枕するところもない」（9：58）と、イエスは言ったと書かれている。キツネや野生の鳥を、自分より下に見ていたら、このようなことが口にされることはない。そしてイエスが生贄を捧げたという記述は福音書にはない（「わたしが望むのはいけにえではない」マタイ9：13）。そして、「野の花」[5]などの例を出して、人の生き方について彼が語っていたことは、よく知られている（マタイ6：28-30）。

たしかにイエスは「あなたがたは空の鳥よりすぐれた者ではないか」と言っている（6：26）。また「神はあなたがたを野の花よりよくして下さる」と言っている（6：30）。しかしこの言葉は、イエスが自尊心の強い一般の人に合わせてことばを添えているだけであって、基盤としている論理を作っているのではない。なぜなら生き物を同等と見ないなら、人間社会の中にある上下関係（虐げられる人の居る状態）も肯定しなければ論理が一貫しないからである。

また或るときイエスは口にした。

神は死者の神ではなく、生きている者の神である。（マタイ22：32）

福音書では、このことばは、イエスが死者の復活について言ったこととしている。当時サドカイ派祭司は、復活を否定していた（同22：23）。それに対してイエスの復活を主張するキリスト教会は、イエスから聴いたことばを、復活の主張にからめたと思われる。じっさい福音書のこの節は、前後の文脈がひどく分かりにくい。その分かりにくさから推して、福音書記者がキリスト教会の復活の思想がキリストのことばに根拠があるかのように、異なる文脈にあったイエスの言葉を、無理やりここに結びつけたと推測する。

上に引用したことば自体は、明らかに、真実の神は「生きているものの神」だと言っている。人間の神だとは言っていない。

真実の神が生きている者すべての神なら、神のもとでは、生きている者すべては、神の目から見れば平等だと言わなければならない。したがって、上下の秩序を生ずる人間の社会体制は、このイエスの視点からすれば、正しいものとは言えない。

わたしたちが暮らしを成り立たせている「分業」は、社会の中の上下の秩序を抜きにしては成り立たない。なぜなら、分業は数々の業種をばらばらのものにしないように、束ねる人間を必要とするからである。束ねる人間は上に立って分業に携わる人間の仕事を統制する。統制する側は、分業に携わる人間に命じる内容を考えることが仕事である。その仕事は直接にはことばだけでなされ、他者の目には見えないことがらを多く含む。そして他者の目に見えない部分を含むだけ、その仕事の内容は他者に見えない。言い換えれば、隠される。そして仕事が見えないだけ、統制する仕事に与えられる社会の評価はその仕事を知っている人間によって作られる。つまり給金も不当に引き上げられがちとなる。仕事の内容が伏せられているから、社会の下で分業の一端に携わっている人間には、それが不当かどうか判断がつかない。

目に見えないことがらを多く含む仕事ができる人間は少ないが、その仕事を替わってできる人間も、その仕事を知っている人間に限られる。替わりが居なければ分業体制全体が立ち行かなくなる。したがってその種の地位は一部の人間に独占される。その地位より上位の人間は居ないので、その給金の額はその人たちが決めて、ほかの人が変えることはできない。しかもそこには競争が生まれにくいために、切磋琢磨も中途半端になる。

こうして分業は社会の上下の秩序を固定化する。つまり虐げる側と虐げられる側を作り出す。そして仕事を得なければ生活が成り立たないのだから、虐げられた人々は仕方なくこの体制を受け入れる。そして苦悩し、だれを批判すればいいか分からないまま、苦悩と憤懣を募らせる。上に立つものは、下の者が分担された仕事ができなければ、その人を、そのできないことで非難し、ことばで鞭打つことができる。なぜなら、この分業体制こそ社会を成り立たせ、その効率性によって社会全体の利益を生み出すからである。そして上に立つものがその利益を独占しがちであっても、その不当性は明瞭にならない。上に立つものの生活空間は、下に立つ人間の生活空間とは区分され、相互には相手の世界が見えないように、効果的に配分されるからである。

社会が持っている秩序は、社会を成り立たせている屋台骨である。社会の中に育ち、生活している人間はそれを受け入れて生きるほかない。そのために人はこの体制を自分が「生きる」ことの前提として考えてしまいがちである。そしてそれは同時に、他者のことばを理解するときにも、話の前提として理解されている。つまり言うに及ばずの常識として、すべての理解の前提とされているのが通常である。

イエスは、次のように弟子に向かって言った。

あなたたちも知っているとおり、異邦人の頭となるものたちはその人民を支配し、偉い人が人

民の上に権力をふるっている。あなたたちの間では、そうであってはならない。（マタイ20：25－26）

イエスは、だれかがほかの者を支配することを否定しているのである。

しかし、イエスにとっての異邦人であるわたしたちの社会では、「社会とのつながり」が人間性のために重要視されている。人々は、自分の世界に閉じこもることをそれと対置して、健全ではないと見なしている。社会は「一人で居る」ことが「危険」なことであり、「不安」に感じるのがふつうだと、人々に教えている。しかし、

イエスは時折、人里離れた所に退いて祈っていた。（ルカ5：16）

そしてわたしから見れば、すでに述べたように、イエスは市場経済を中心とする文明社会から、むしろ「離れる」ことを教えている。

とはいえ、誤解してはならない。イエスは個人と個人がつながることを否定しているのではない。彼が否定している関係とは、人が上下の関係を結び、それが固定しがちとなる社会秩序のつながりである。個人どうしの公平なつながりから離れて、社会集団のうちにつながりを持とうとすることは、神の「いのち」からの逸脱と見なされる。

それゆえに次のように言う。

あなたがたは先生と呼ばれてはならない。あなたがたの教師はただ一人であり、あなたがたは皆兄弟だからである。（マタイ23：8）

ここで「先生」とされている言葉は「ラビ」である。真実を知っている教師がそれを知らないほかの人に真実を教えることは、よい関係だが、教えるものが、当時のユダヤ社会で「ラビ」と呼ばれる社会身分となったとき、よい関係ではなくなる。一定の社会身分が生ずることは、社会のなかで一般常識化した人間の役割固定である。それは個人と個人の自由な関係を壊してしまう。したがって、世間一般に通常聞かれることだから「正しい」と考えるのは、イエスによれば、間違っている。

しかし一般には、イエスの「教え」を理解するときにも、社会の常識が前提となって理解されがちである。じっさい、パウロの教えは、そういう理解の下の信仰である。虐げられた人々は虐げる人たちに抗議するのではなく、一つに集まり、虐げられる辛さを「ともに耐え忍び」、イエスの死を「ともに悼み」、ずっと先の未来に「復活」という「救い」の希望を、ともに見る。それが、パウロの考えたキリスト教信仰である。

「復活」というのは死後に「永遠の生命を得る」ことである。復活を信ずることは虐げられた人々にとって、死と隣り合わせのような貧しい生活から脱出する希望である。しかしその希望の実現は未来であって、今ではない。

したがってパウロの教えに従えば、「貧しい人はさいわいである」（ルカ6：20）というイエスの教えは、現実に貧しい人にイエスが慰めの声を掛けたものだと、理解される。しかもイエスはキリスト教会では「神」とされている。だとすれば、「神様から慰めの言葉を頂いた」と喜ぶ人が居ても、何の不思議もない。それがキリスト者である。自分に寄り添って自分の苦境を神に理解してもらえることは、苦しんでいる人にとっては、何よりも大きな慰めだからである。

しかし、わたしは、イエスが教えようとした信仰はこんなふうに社会を支配する側にうまく利用されてしまうような信仰ではないと、考えている。すなわち、虐待される側に寄り添う解釈ではイエスの教えは理解できないと思っている。たしかに「金持ちが天国の門に入るのはラクダが針の孔を通るよりむずかしい」と言われる（マルコ10：25）。このようなことばを見ると、イエスは貧しい者の味方だと思うかもしれない。

しかし、じつは貧しい者が天国の門をくぐることは、金持ちと同じくらいむずかしいと、イエスは言っているのだ。天国の門は、貧しい者にとっても、同じく狭い門であり、決して広々とした門ではない。事実、聖書には前述のことばを聞いた弟子が驚いて「それではいったいだれが救われるのだろう」と言ったと、述べられている（マタイ19：25）。

その場に居たイエスの弟子は、貧しい人たちだった。その人たちが、「では一体だれが」と疑問を口にした。それまでイエスの弟子なのだから間違いなく、それも真っ先に天の国に入れると思っていたが、どうやらそうではないと感じて不安になったのである。その場に居た弟子のこの反応から見て、イエスが貧しいものにとっても天国の門をくぐることは「ラクダが針の穴を通るくらいむずかしい」という意味で語ったことは、確かだと思われる。じっさい弟子の言葉に応えて、イエスは「人にはできないことである。しかし、神はすべてのことができる」と言った（同19：26）。

すなわち、天国の門は、貧しいから通れるという門ではない。通れるかどうかは、貧富とは別の基準で、やはり神が決めるのである。

III

マタイによる福音書を中心に

サロメと洗礼者ヨハネの首（モロー）

22……福音書の成り立ち

四福音書は、「使徒言行録」に書かれた事実と複数の「使徒の手紙」が書かれた期間を通じて、キリスト教会の教え（使徒たちの信仰）が一つに固まって来た過程で、おおよその形が見えた後に、その信仰に即して、使徒たちが自分たちの信仰の正当な根拠を人々に明らかにするために、言い換えると、使徒たちがユダヤ守旧派に対抗して公的に「キリストの証人」となるために、書かれたものである。そしてそれはキリスト教会がユダヤ教から離れ、一個の独立した教会となるための「武器」となった。

まず「マルコによって」福音書が書かれ、つぎに「ルカとマタイによって」福音書がそれぞれ書かれた。今は失われた資料（Q資料と呼ばれている）が参照されたと言われている。しかし、文書化はそれなりの富を前提とする時代であることから考えれば、資料と言っても、文書化された資料かどうかは分からない。庶民の中ではおおむね口伝だっただろう。したがって、そこに違いがあっても不思議はない。「伝言遊び」が多様な結末を示すことと同じである。

マルコによるものは、キリストによる奇跡物語が多い。初期の使徒たちのイエスに対する思い、イエスがまさに旧約の預言にあったキリストであることを確信したいという思いが色濃く反映している。使徒パウロの同行者で医者であったと言われるルカによるものは、書き手の頭脳明晰さを感じさせる説明のうまさがある。そして、ところどころに使徒パウロの宣教の苦難が反映している。マタイによるものは、マルコやルカのものと同じ語録資料をもとにしつつ、旧約聖書の預言とのつながりが多く書き込まれている。

最後に、「ヨハネによって」福音書が書かれた。こちらはさらに詩的に練られた書き方になっている。おそらくマタイによる福音書ができた後になって、信徒たちの間であらたに知られるようになったことがらがあって、福音書全体が持つべき精神を、詩的なおもむきで書いたものだと思われる。旧約聖書のモーセ五書のうち最後の申命記の末尾部分にも、「モーセの歌」と題された詩が示されている。四福音書の終わりに当たるヨハネによる福音書は、モーセ五書がもつこの全体の流れに倣った可能性がある。

以下、わたしは「マタイによる」福音書をイエスの教えを析出するための基礎としたい。そのためにマタイを主な吟味の対象に取り挙げる。その理由は、この福音書が、おおまかにはキリスト教会の教えが固まったうえで、イエスに関する伝えが集められるだけ集められ、キリスト教会の教えに従って、使徒がキリストの証人であることを証明するうえで十分な内容となるように編集され、書かれたものだと、思われるからである。つまりこの作品の中からイエスの教えを析出することで、キリスト教会（使徒の教会）の教えとの違いも、おのずと明らかにできると考えてのことである。

23……肉の習慣を捨てる

イエスは、ヨハネと同様、当時の律法学者やパリサイ派を「偽善者」と呼んで、たびたび非難していた（例、マタイ23：13–29）。「偽善者」というのは、表向き「善い人」をつくろっているが、心の中では悪い考えをもっている人間である。ギリシア語で「ヒュポクリトス」というこの呼び名は、まさに福音書を通じてヨーロッパに広まった。

しかしこの呼び名は、見方を変えれば、イエスの教えがもつ「心の重視」をよく伝えている。すなわち、イエスは、心を隠して、表に現れる行動や態度だけを善くつくろうことを、ことさらに非難していた。

目の見えぬパリサイ派の者たち、まず杯の内側を清めなさい。そうすれば、外側も清くなるだろう。（マタイ23：26）

表に現れる行動よりも、心が本当に神の教えに従うことをイエスは求めていたのである。つまりものごとを感じたり考えたりする「あなたの心」が、その「原点」（主体自身）から、これまでとは違う生き方をすること、つまり「あなたの生き方」（信仰）を根本的に変えることを、教えていたのである。

　原点から「生き方」を変えることは、それまでしていた心の生活をすっかり、全体的に変えることである。行動や態度だけでなく、「心のはたらき」の全体を含めて変えることである。なぜなら、心の原点は、「わたし」という主体の原点であり、心の中心だから、そこから変わることは、心のすべてが変わることだからである。これは決してたやすいことではない。じっさいイエス自身、ヨハネ（洗礼者）から教えを受け、洗礼を受けた後、荒れ野に入って「悪魔の試みを受けた」（マタイ4：1）と言われている。四十日四十夜の断食だったと、マタイによる福音書は伝えている。

　さすがに四十日四十夜の断食は人間の身体能力からみて現実的に無理（三十日が限界と見ておいたほうが確実）だと思われるが、彼が厳しい修行を一度は自分に課したことは本当だろう。一般的には、例えば体質改善のための断食がある。一週間程度からのものがあるが、それでも食いしん坊には辛いだろう。断食とは違うが、仏教の修行にも山岳修行を取り入れた千日回峰がある。どういうやり方にしても肉の欲を捨て去るためには、おのれの身体の習慣的欲求を抑える必要がある。修行の間は「悪魔の誘い」を日夜受けることになる。イエスは、そうした修行を自らに課して、それをやり遂げたことによって教えを実践する自信を得たのだと、思われる。

　この修行の期間中、イエスはヨハネが教えてくれたこと（悔い改め）について考えたに違いない。そして、その教えを深く徹底させて自分のものにしたのである。したがって、イエスと同じように神の教えを実践しようとすれば、やはり相当な覚悟と、自分を変えるための厳しい日常の実践が必要になる。

24……金銭経済からの離脱

修行によってヨハネの教えの実践を身に付けたイエスは、人がふだん常識と見ているわたしたちの社会がもっている前提を「無」にするように言う。

イエスはパリサイ派の人々からローマへの納税について問われた時、当時使われていた銀貨に皇帝の肖像があるのを確かめて、「それなら皇帝のものは皇帝に返しなさい。神のものは神に返しなさい」と述べた（マタイ22：21）という。

「皇帝のもの」というのは皇帝の肖像がある銀貨そのもの、形をもつ金銭である。ローマに占領された土地の市場で通用する。しかし「皇帝のもの」である限り、皇帝の所有である。民衆には使用が自由にされているだけである。一方、「神のもの」というのは、神の所有である。それは何よりも、わたしたちの生死である。生きている間、わたしたちは自分のいのちを自由に使用して、自由にいろいろな場面で様々なことを決めているが、生まれてくることと死ぬことは、自分の自由にならない。こういうところに生まれて来たくなかったと思っても、わたしたちは今ここに生まれて来ている、というのが現実である。これを変えることはできない。また、永遠に生きたいと思っても、そうはいかない。生きているうちにこれだけはしておきたいと思っても、思い通りにはいかない。このように、生きる根底にある生死の選択は、それがどこで、いつになるか、どれも全面的に神の決定事項である。

ところで、自分の「自由に」ならないものは、わたしたちの「所有」ではない。自分のものなら、自分でどのように処分しようと、どのように使おうと、自分の勝手がゆるされている。しかし、他人のものは、その他人が決めることである。使うだけにしても、所有者のゆるす方法でのみ、ゆるされる。他人のものを自分の自由にすることは、盗みであり、越権行為であり、結局、犯罪だからである。したがって手元にあろうと、ローマの金銭はローマ皇帝のものである。皇帝のゆるしがなければ使えない。金銭を海に捨ててしまうとか、壊してしまうとか、別の姿に勝手に変えてしまうのは、やはり犯罪である。金銭は皇帝の領地内での「使用」のみが、皇帝によってゆるされている。

ところで、金銭は、市場での商品の売買に用いられる。物々交換では、商品価値の異なるものの交換が面倒なことになる。世界史上、その最初の現場がどこで、いつあったか分からないが、商品をいったん金銭の額で価値評価することによって、ものの交換が容易になった。さらに労働も金銭で価値評価が可能であったために、労働についても市場で取引が可能となった。労働を受け持つ奴隷の売買が古代から一般的になったのは、金銭を媒介とする市場経済の発達によると言える。そしてそれは異なる種類の労働が、それぞれの社会評価を受けて異なる金銭の額で売買されることを意味していた。

最終的に国家という枠の中で人間の集団は、各種の労働単位で分業体制を取り、集団の維持・発展を目的とした秩序を形成した。ところで、その秩序は、社会的評価の秩序であり、労働評価の秩序だった。それゆえ、この集団社会に帰属する個人は、その社会の各種の評価において金銭の一時保有を認められ、使用の自由が認められる。そして個人の生活がこの社会集団の役割分担に依存すれば、その依存度に比例して、個人の「いのち」は、その役割（仕事内容）の社会的評価によって左右される。そして社会的評価は金額（給料）で表されるので、個人の生活と、それにともなう個人のいのちの評価が、個人が受け取る金銭に反映する。

逆に言えば、受け取る金銭に自分の生活を依存させるだけ、個人は国家の頭を頂点とする社会に従属する。反対に、依存させないだけ、個人は国家を頂点とする社会から離脱することができる。

とはいえ、正確には、日常生活において金銭に依存しない生活に依って社会から離脱することができるのは、身体であって、心ではない。一方、心は身体の生活にある程度依存している。他方、心は、身体から離れた知識世界を用いることができる。その自由がある。したがって、身体が社会生活から離脱するなら、心は、身体の欲求にとらわれることなく、完全な自由をもつことが実現する。しかしまた、身体的に（金銭的に）社会生活に従属するところがあったとしても、心の生活をその従属から切り離す努力は可能である。言うまでもなく、完全な自由は不可能だろう。それでも心は身体とそれに連なる社会秩序に従属しないことができるだけ、自由である。

したがってイエスが「皇帝のものは皇帝に返せ」と言って金銭から離れることを促したのは、それによって心の自由が完全なものになるからである。そして心が完全な自由をもつなら、自分の「いのち」という、神が自分のところに置いたものを「神に返す」ことも、自由にできる。つまり自分のいのちのはたらきを、「神の意のままに」することができる。そして神の意のままに生きることができれば、人の心は、神の心と一致して、神の自由と喜びを味わうことができる。

ところが、文明社会は長期にわたって社会の一員である個人を、身体を通じ、その心のはたらきまでも支配してきた。そのために、社会のだれもが、自分のいのちが社会のものだと思い込み、じつは、そうではないことを、すっかり忘れている。社会全体は、学校その他の場所で、社会的評価に基づく教育を徹底して個々の子どもに対して行っている。おとなしく、素直に公教育を受けた若者は、社会的評価以外に自分のいのちの評価はありえないと、思い込まされている。公教育が一般に生徒の心の内に作る視界は、社会評価の尺度にもとづく視界だけである。社会のもつ役割分担を自分が引き受けなければならない年齢に至ったとき、この視界の狭さが、若者に苦悩をもたらす。

戦時中、特攻隊員が出撃を前にしてもった苦悩は、その一つである。「お国のため」という理由で死を選ぶことが正しいことかと、この期に及んで若者は考えてしまう。「お国」とは、当時天皇の下にあった周囲の社会である。若者は年齢が若いだけに、まだそれに馴染んでいない。その体制に十分に馴染んでいたなら、その体制秩序を自分の生活にとって絶対のものと見なすことに疑問をもたなかったかもしれない。そしてそうであるなら、そのために「いのち」を掛けることに、若者は疑問をもつことはなかっただろう。

しかし実際には、まだ十代の若者の心と身体は、ことに母親との関係が切れていないのがふつうである。その関係を通じて自分の「いのち」の所有者は、天皇を頂点とする社会ではなく、母親を通じた何かであると感じるほかにない。それゆえ、軍隊に入った若者の多くが、自分の「いのち」の所有を天皇に認める思いをもつほど心が国家の一部になり切れていなかった。そのために、特攻に際して、母親のやさしさを思い起こす若者の苦悩は大きかった。太平洋戦争において若者が「いのち」を国家社会のために投げ出すことに納得しきれなかったのは、至極当然なのである。明治の初めに白虎隊の切腹があったが、彼らは「お家」のために切腹できたのであって、国家のためではなかった。この二つの事例には、勇敢さの多少があるのではない。

言い換えると、特攻に行く若者が悩み、答えを見つけることが出来ずに苦しんだ理由は、徴兵された自分自身が軍隊という分業体制の一角となる仕事に就いてまだ間もないために、自分が分業体制によって生きていることを、十分に納得するまでには至っていなかったからだと言える。国のために死ぬことは、国の分業体制を前提に、自分がその一角を占めることによって、はじめて自分が生きていることを、十分に納得しているのでなければ受け入れられるものではない。それがなければ、どんなに上官が国のために命を失う戦場に行くことを求めても、若者には理由が分からない。まさに腑に落ちないことになる。

じっさい、別の可能性、つまり「神の下に生きる」可能性を若者が知っていたなら、まったく別の答えを、若者は見つけただろう。

いまだに、大人を含めてわたしたちは、分業体制を前提にして人生を理解すること以外のことは、教えられていない。そのために、真に生きるためにわたしたちに示されたイエスの「教え」――神の下に生きることが、よくわからないのである。

25……金銭のはたらき

すでに簡単に述べたように、分業体制を成り立たせているものは、各種の職業と、社会に共通に用いられる金銭である。金銭は、生産・消費の分業体制の中で、それを動かす重要な役割をはたしている。金銭は人々の間で公明正大に分業体制を運営するために不可欠な媒介物である。ある人の仕事の一部を他の人の仕事の一部と交換することができたとき、分業体制ははじめて維持される。工業分野の仕事をした人は、その生産物を、農業分野、水産分野で仕事をした人の生産物と交換する。

それができなければ、人は食べることが出来ず、生きていけない。人間が生きていけないのであれば、当然、人間の分業体制は成り立たない。しかし、分業体制を成り立たせるためには、今しがた述べたように、それぞれの生産物が交換されなければならない。そのためには生産物が正当に評価されなければならない。さまざまな分野でそれが公明正大になされるとき、はじめて分業体制はわたしたちの生活を立派に支えることができる。

各分野の生産物が評価されるとき、それは金銭の量に換算される。そしてそれが人々の目に公明正大でなければ、納得の行く生活（心も満足する生活）は成り立たない。金銭の動きが人々の目から隠されるとき、分業体制は信頼を失う。

このように金銭の動きは、公明正大であれば納得の行く社会生活の支えとなる。そして金銭が支えるその生活は、各自がその一端を担う分業体制あっての生活である。

そのトップには神ではなく王、皇帝、首相、大統領という、人間社会の最高権限者が居る。この社会の分業体制は、トップの人間が「良い」と認めている体制である。そして金銭はその体制を支える血液である。言い換えれば、金銭は何よりも分業体制を動かしているエネルギーであり、各種の所有を示す指標物である。その金銭は、少なくとも名目上、分業体制の全体を所有するトップが作る。

したがって金銭はイエスの時代には、そのトップに居る「皇帝のもの」である。皇帝が自由にできる。そして皇帝が一般庶民に分配して「だれもが自由に使える」ものにしている。一時的に庶民に渡し、庶民はその「使用権」を得ている。

イエスは、それを皇帝に「そっくり返しなさい」と言った。しかし金銭を返してしまえば、人は皇帝が牛耳っている「分業体制」の中で生きることはできなくなる。繰り返すが、都会生活の中で一定の仕事をしているわたしたちは、ほかの人の仕事の生産物を金銭を介して受け取ることで自分がしていない仕事の生産物を得て、自分の生活を成り立たせている。したがって金銭がまったくなければ、都会生活は成り立たない。それは「貧しい」（金銭所有が比較的に少ない）という段階ではなく、専門の仕事をしたうえでの「町の生活」そのものが、まったく可能で無い状態である。つまり金銭を失えば、皇帝が統制している社会体制のもとでの生活が実質できなくなる。

ところで、分業体制をもつことで社会の中に上下の秩序が生まれる。つまり命令する側と命令される側である。その秩序は、既成の秩序と経済活動を通じて生まれている。貧乏な人たちと、金銭に余裕のある人たちの秩序である。それが暴力的な要素をもつようになれば、虐待が生じる。虐げられる人たちと、虐げる側に居る人たちに分かれる。イエスは、金銭を皇帝に返せと言うことで、人々に、この秩序自体から「離れて生きるように」薦めている。つまり社会のなかにできる秩序の上下、そのどちらの側にもつかず、どちらの側からも無関係な生き方をしろと、イエスは言うのである。

なぜなら皇帝のものとなっている社会の秩序は、皇帝の命令のみでできているのではない。また金持ちだけでできているのではない。金持ちは金銭の余分を受け取ることで金持ちでいられるのであり、その余分は、本来、貧乏なもののはたらきから生じている。社会の秩序がその余分を貧乏な者から金持ちの者へ引き渡している。したがって貧乏人が居なければ、金持ちは居ない。

また、金銭が無ければ、金持ちと貧乏人の秩序はない。ところが、この秩序によって、はじめて社会は成り立っている。したがってイエスが皇帝のものを皇帝に返せと言った意味は、社会秩序を構成する両者のどちらの側からも離れるように、という意味である。金持ちの味方になるのでもなければ、貧乏な人たちの味方になることでもない。金持ちの側にも、貧乏人の側にも、どちらにもつかない生き方をしろと、イエスは言うのである。

一体どういう生き方をしろと、イエスは言うのだろうか。分業体制を土台にして生きる生活しか知らない者には、分業体制から離れた生活は、とうてい想像できない。金銭を用いない生活とは、どういう生活だろうか。狩猟採集生活だろうか。わたしたちがものごとを現実的に思考するうえでもっている知識は、これまで分業体制の生活の中で経験したことから得た知識しかない。「皇帝のものは皇帝に返せ」と言われたとき、わたしたちが生きていくうえで前提にしていたその「当たり前」の知識、すなわち、分業体制の一角を担うための知識を、すべて、まったく「なし」にしなさいと、わたしたちはイエスに言われている。

わたしたちはこれをどう理解すべきだろうか。

26……神のものは神に返す

皇帝のものは皇帝に返したとき、では、そこにはどういう生活が待っているのか。

イエスは、「皇帝のものは皇帝に返せ」と言ったあと、「神のものを神に返す」ことを命じている。「神のもの」とは、わたしたちの「生死」である。他方、パリサイ派、あるいは律法学者の考えに従えば、「神のもの」とは生死ではなく、「神殿に供えるべきもの」である。しかしそういう外面的なものごとで信仰の真実が示されると考える彼らと、イエスの考えは対立していることはすでに論じた。したがって、神のものとは、神がわたしたちに一時的に与えた「いのち」であり、その生死である。そしてそれを「神に返す」とは、それが神の所有であることを認めることである。すなわち、自分がどのように生きて、どのように死ぬかは、神にまかせろと、イエスは言う。

しかしわたしたちはこれまで自分の判断で生きて来た。それが、わたしたちが「自由な人間である」ことだと、考えて来た。それを止めてイエスのことばにしたがって判断するためには、一体どうすればいいか。それをわたしたちは考えなければならない。「どうすればいいか」を、自分で考

える か、 自分で考えてもわからないなら、 人に聴くか、 どちらにするか。

わたしたちは幼い時には大人に聴いてどうすればいいか判断していた。 そして多くの人は、 大人になっても、 他の人に聴いてどうすればいいか判断している。 自分だけで判断する人はまれである。本当は自分だけで判断する人こそ、 独立した自由な人である。

しかし社会の中で協力して生きていくためには、 常に他者の判断を参考にしなければならない。社会は複雑で変化しているからである。 だれにも聴かずに判断する人は、 むしろ自分の無知が分かっていない人、 考えの足りない人と思われている。 あるいは共同意識が無い人と見られている。「聞くはいっときの恥、 聞かぬは一生の恥」 と言われている。

ところが、 どのように生きるか、 イエスのことばは、「神に聴け」 と言っているに等しい。「生きるすべてを神に返す」 とは、「神の意のままに生きろ」 ということだからである。 人に聴けとは言わない。 なぜなら、 周囲の人は、 たいていは皇帝のもとに生きているからである。「皇帝のものは皇帝に返し、 神のものは神に返す生き方」 を選択するなら、 人は、 皇帝の下に生きている他者の生き方を拒否して、 つまり金銭を用いて皇帝の命令の下に生きることをまったく拒否して、 ただ神の言うことを聴いて生きなければならない。

たしかに、 だれであれ、 生死そのものは、 つまり自分がいつ、 どこに生まれるかは、 自分の勝手にはできない。 それは神にまかせるしかない。 事実としては、 これは皇帝の下の生活でも変わらない。 手術が成功しようと失敗しようと、 いつか人は死ぬ。 その「いつ」 は、 多くの場合、 医者にもわからない。 このことは医学の進歩によっても変わっていない。 しかしイエスは、 皇帝のものは皇帝に返して、そのうえで、神のものは神に返せと言っている。したがって、神にまかせる生活をするときには、皇帝のもとでの生活は、すでに捨てていなくてはいけない。皇帝の下での生活と皇帝の命令は、そっくり皇帝に返して、そのうえで、どのように生きるかを「神に聴け」と言うのである。

しかし問題は、どうすれば神の言うことが聴けるのかである。特殊な才能を認められた巫女さんに聴けばわかるのか。それとも教会で一心不乱に祈ればいいのか。教会の司祭になれば神のことばが聴けるようになるのか。しかしイエスは、神の言うことが聴けるようになるために、「祈りなさい」とは言っていない。そもそも「祈りが通じる」というのは、日本では、人間のことばを「神が聴く」ことである。つまり人間の願いを神が聴いてくれる話である。それはイエスが言っていることとは、逆である。イエスが教えたのは、あくまでも「あなたが神のことばを聴く」こと、聴いたことを「実行する」ことである。自分の願いを神に求めて実現してもらう方法をイエスは教えたのではない。

イエスの祈り（主の祈り）というものが福音書にある。

天におられるわれらが父よ、
み名が尊ばれますように。
み国が来ますように。
み国が天に行われるとおり、地にも行われますように。

今日のかてを、今日お与えください。
わたしの負い目をゆるしてください。
同じようにわたしたちも、わたしたちに負い目のある者をゆるします。
わたしたちを誘惑に陥らないように導き、
わたしたちを悪から救ってください。（マタイ6：9－13）

これは、イエス自身が弟子たちに勧めた祈りのことばとされている。福音書の文面の中で最古層に属する言葉の運びをもっていると言われている。たしかにこの祈りの文面は、自分の勝手な願いを神にかなえてもらうための祈りにはなっていない。むしろ神の業が実際になされることを願うことばがまず並び、つぎに自分たちの罪（負い目）に、目を留めることばがある。そして最後に、誘惑に遭わないように自分を守り、自分を悪から救い出してほしいと、神に願う祈りである。最後のところはたしかに人間の願いであるが、悪に陥らず、悪から離れることは自分勝手な願いとは言えないだろう。

以上の内容は、わたしが究明してきたイエスの教えと矛盾が無い。それゆえ、この祈りは、たしかにイエスが物分かりの悪い弟子たちに口移しで教えた祈りの文面の可能性がある。理屈の分からない弟子たちに、日々、折々にこの言葉を唱えることによって、いつか自分の言うことを理解してくれるのではないかと願って、イエスは教えたのかもしれない。

この文面に表れているとおり、イエスによれば、神の望みこそかなえられなければならない。なぜなら、それが神を信じるわたしたちの願いでなければならないからである。そして神の善を信じるのなら、神が求めていることが、わたしたちを真に幸福にすると、信じることができなければならない。わたしたちが「罪びと」であるなら、罪深いわたしたち自身がもつ願いは、むしろわたしたちを不幸にするばかりだと、考えなければならない。

わたしたちは「祈る」ということばで、その願いの内容が何であれ、自分の願いを神に聞き届けてもらうことだと考えてしまいがちだが、イエスの教えによれば、それはまったくの間違いである。逆に、自分の願いを否定して、あるいは、無視して、神が自分に求めることが実現することを、「祈り」は可能にするのでなければならない。そしてそのためには、とりあえず食べるものを得て生きながらえ、神の求めを自分が実現することができるようにしなければならない。そしてそのためには、神の求めていることを「聴き取る」ことができる自分にならなければならない。

じつは「祈る」ということばは、古くは「呪う」ということばと、同じ意味だった。巫女が祈る姿は、呪う姿と同じだったからと思われる。悪いことを祈ることが「呪う」と言われ、良いことを「祈る」ことから区別されたのは、古代において、そのはじめから、ということではなくて、祈ることが民衆の間で誰彼構わず行われるようになったとき、なかに、他者に悪いことが起こるように祈る人が現れた。そのときからのことではないかと、推測される。

あるいは、ほかのことばについても、わたしたちが現在、習慣的にもっていることばの意味付けをわたしたちは無自覚にそのままにしている。しかしそれに気づかなければ、イエスが言う「ことば」は、かならずしも正しく理解されない恐れがある。つまりイエスはそのことばで何を意味しているのか、あらためてよく吟味しなければ、イエスの「教え」のことばの内容は、必ずしも正しく理解できない。イエスの言うことは、これまでさまざまな人によって解釈されて（もちろん大小さまざまな教会の解釈もある）きた。しかしたいていは、全体が一貫して理解されるような解釈にはなっていない。ある箇所の文脈では話が通っていても、他の文脈との関連がまったく考慮されていない解釈であることが大半である。

わたしは、金銭についての有名なことばの意味を吟味して、わたしの解釈を読者に示した。そうすることで、イエスの教えが一般社会の常識が通じない土台をもっていることを、「におわせる」ことはできたと思う。これからが大変である。イエスの「教え」を理解するために、わたしたちが通常もっている観念を一つ一つ吟味して、わたしたちがイエスの教えを理解できる観念をもつことができるように、心を修練することが求められる。

じっさい、イエスは神の求めを聞き取ることが出来る心を得たはずである。なぜなら、それだからこそ神の教えを人に教えることができるようになったに違いない。それゆえ、どうすれば神の求めを聞き取ることのできる心をもつことができるようになるか。それを、イエスの言葉から見出さなければならない。少し長い道のりに感じられるかもしれないが、乗りかけた船、最後まで付き合ってもらいたい。

27……「悔い改め」（メタノイア）と洗礼

イエスはまだ若年のうちに、おそらくヨハネという人物（聖書では洗礼者と呼ばれた。福音書記述者のヨハネと同名であっても全くの別人）に会い、どうやら彼の教えを受けている。というのも、ヨハネが繰り返し語ったことばは、「悔い改めよ、天の国は近づいた」であったが、福音書によれば、イエスはそれとほぼ同様のことをまず教えていたとされているからである。またヨハネは「預言者」ではないかという噂が当時のイスラエル社会に広がっていたと言われている。「預言者」なら「メシア」（民族のリーダー格）である。すでに民衆から尊敬を集めていたらしい。

彼の教えがイエスの活動の前に知れ渡っていたことで、イエスの教えが人々の耳に入りやすくなっていたと考えられる。四つの福音書のすべてが、ヨハネが主の歩む「道をまっすぐにした」と、語っている。この言葉は、ヨハネが、イエスが来る前に、その教えを先導した、あるいは整えたことを示している。

洗礼者ヨハネ（ダ・ヴィンチ）

ヨハネは、ルカが書いた福音書によれば、エルサレム神殿の祭司の息子であったという。ヨハネはこの親族関係があったにもかかわらず、イエスが世に出る前に、祭司たちの振る舞いを厳しく批判していたと伝えられている。おそらく、彼は宗教都市エルサレムの町を出て、祭司身分を捨てるような行動ないし生活を始めていたと考えられる。彼が暮らしていたと伝えられている場所は、北方ガリラヤにあった湖からエルサレムの町の東にあった塩湖「死海」に流れ込むヨルダン川の岸辺であった。獣の革を衣にして暮らしていたと、福音書は伝えている。そしてヨハネはそこで「水による洗礼」を人々に施していたと言われている。

「洗礼」（バプテスマ）は、神を前にするための身の浄めである。水をかぶって身を清める儀式をともなう「悔い改め」（メタノイア）が、ヨハネの洗礼式だったという。福音書の記述によれば、ヨハネはそれを、エルサレムからは徒歩で、急な坂道を下り（エルサレムからの高度差は一〇〇〇メートル余りある）、一日あれば何とか往復できるくらいの距離にあったヨルダン川の岸辺で行っていた。エルサレムの市内からも郊外からも、多くの男女が彼の洗礼を受けに来たと言われている。

イエスも、ヨハネから洗礼を受けた。しかしその後、とつぜんヨハネはガリラヤの領主ヘロデ（・アンティパス）の役人に捕縛され、まもなく殺されてしまった。これを耳にしたイエスは、自分も捕まるのではないかと恐れ、国境地域へ逃げたようである。しかしヨハネが捕縛され殺された理由は、マルコによる福音書（6：17-28）によれば、ガリラヤ地方の管轄を任されていた領主ヘロデの個人的事情に過ぎなかったとされている。ヨハネがヘロデの夫婦関係がユダヤの戒律に反すると批判した噂が民衆のうちに広がった。それを聞いたヘロデは、噂を収めようと、ヨハネを捕まえて牢屋に入れた。ヨハネは「預言者」と噂されていたので、その彼が領主の行いを批判したとなれば宗教意識の強い領地を治める立場としてヘロデは民衆蜂起の「危険」を感じただろう。

ところがそれで終わらなかった。ヘロデが自分の誕生日の祝いの日に、たまたま妻の娘サロメの舞踊を見て、思いのほか有頂天になり、なんでも望みのものをと、彼女に約束したところ、彼女が母親と相談してなんとヨハネの生首を求めたのである。領主としての威厳もあり、誕生日の宴に招待していた皆の手前、今しがた口にしたばかりの約束を反故にできず、ヘロデは仕方なくヨハネの首をはねて持ってくるようにと、部下に命じた。こうしてヨハネは殺された。サロメの母親が、自分たちの夫婦関係を悪く言ったヨハネを恨んだと、説明されている。

　つまりヨハネが殺された理由は、ヘロデの領土の治安に関する不安と、自分たちを悪く言われたサロメの母親の恨みが重なったことによるものだった。ヨハネが洗礼に際して人々に教えていた内容によるものではなかった。しかし、イエスはその事実を耳にしなかったのだと思われる。てっきり師のヨハネは、ユダヤ教会の教えとは異なる「新たな教え」のために捕まって殺されたと考え、ヨハネの弟子を名乗っていた自分も捕まると思い込んだらしい。彼は国境地帯まで逃げた。つまりイエスは領主の目から逃れようと、あわててガリラヤと他の地域との境のあたりまで行って、身を隠した。

　しかし、しばらくしてガリラヤの官憲は自分を追っていないと気付いて安堵し、落ち着くと、彼はヨハネの教えを思い起こしたに違いない。イエスは自分の愚かな考えを改め、ヨハネ亡きあとのユダヤの世界に、ヨハネに教えられた神の教えを伝える活動を、それが後に残った自分の使命と考え、彼なりの仕方で活動を始めたのだと思われる。

　イエスはまず、ガリラヤ地方で人々に教えを宣《の》べ伝えた。彼はガリラヤ湖畔でシモン（のちのペトロ）、アンデレ、ゼベダイの子ヤコブとその兄弟ヨハネという数人の弟子を得て、彼らを連れて地方の村々を訪ねて回ってみた。しかしイエスは、祭司の息子であったヨハネのように高名であったわけではなかった。そのため、地方ではかれの話をかならずしもよく聞いてもらえなかったようである。福音書につぎのように言われている。

イエスは「預言者が敬われないのは、ただ自分の郷里や家においてだけである」と言った。（マタイ13・57）

しばらくして、イエスは何かを決心した。弟子たちから離れて、一人、イエスは祈った。「ゲッセマネの祈り」という題名で福音書には伝えられている（マタイ26・36）。ただし福音書では、この祈りはイエスが逮捕される直前のことと されている。しかしわたしは、福音書の記述者がイエスを神とするために（イエスが自分の十字架刑を予知していたと読者に思わせるために）、起きた事実の日時を福音書の記述に際して意図的に変えたのだと考える。

おそらく重大な決心を固めるための祈りをしたのだろう。彼はついに決意してエルサレムまで上って行くと、街中に入って、ヨハネから受け継いだ教えを伝える活動を始めた。エルサレム市内では、すでにヨハネの教えを噂であっても聞いていた人が多かったはずである。類似のイエスの宣教に対して、なんらかの手ごたえがあったに違いない。イエスはエルサレム市内には日中だけ入り、神殿に行って教えをそこに居た人々に述べ、夜間は市外の山に隠れる生活を送るようになった。

このように、イエスが夜になれば市外に出る生活を始めた理由は、すでに述べたように、夜間は危険だったからである。当時、すでに支配の実権はローマにあった。一方、エルサレムは宗教都市

ご購読ありがとうございます。このカードは、小社の今後の出版企画および読者の皆様
のご連絡に役立てたいと思いますので、ご記入の上お送り下さい。

〈書　名〉※必ずご記入下さい

●お買い上げ書店名(　　　地区　　　書店

●本書に関するご感想、小社刊行物についてのご意見

※上記をホームページなどでご紹介させていただく場合があります。(諾・否)

●ご利用メディア	●本書を何でお知りになりましたか	●お買い求めになった動機
新聞 (　　　) SNS (　　　) その他 メディア名 (　　　)	1. 書店で見て 2. 新聞の広告で (1)朝日 (2)読売 (3)日経 (4)その他 3. 書評で (　　　紙・誌) 4. 人にすすめられて 5. その他	1. 著者のファン 2. テーマにひかれて 3. 装丁が良い 4. 帯の文章を読んで 5. その他 (

●内容	●定価	●装丁
□満足　□不満足	□安い　□高い	□良い　□悪い

●最近読んで面白かった本　(著者)　　　(出版社)

(書名)

㈱春秋社　電話 03-3255-9611　FAX 03-3253-1384　振替 00180-6-248
E-mail : info-shunjusha@shunjusha.co.jp

郵便はがき

料金受取人払郵便

神田局
承認
5054

差出有効期間
2026年7月31日まで
（切手不要）

101-8791

965

千代田区外神田
二丁目十八—六

春秋社

愛読者カード係

お送りいただいた個人情報は、書籍の発送および小社のマーケティングに利用させていただきます。

(フリガナ) お名前	歳	ご職業
ご住所 〒		
E-mail 小社より、新刊／重版情報、「web 春秋 はるとあき」更新のお知らせ、イベント情報などをメールマガジンにてお届けいたします。	電話	

※**新規注文書**（本を新たに注文する場合のみご記入下さい。）

ご注文方法　□**書店で受け取り**　□**直送(代金先払い)** 担当よりご連絡いたします。

書店名	地区	書名		冊
				冊

聖域の商人たちを追い払うイエス(メイ)

である。ローマも、エルサレム市内にはローマの神殿は建てず、ユダヤの神殿の活動を許容していた。しかしイエスが教えたことは、その神殿で実権を握っていた人たちの権威を脅かすものだった。イエスはじっさい、神殿の聖域で店舗を開いていた商人たちに激怒して彼らを追い払ったと伝えられる。商人たちは売り上げの一部を神殿祭司たちに渡していたに違いない。ただし商人たちの商売はいかがわしいものではなかった。宗教上の義務を参拝者がはたすために必要な物品を売っていた。またローマの貨幣には肖像があり、それは偶像なので神殿に納めることができなかった。両替屋は参拝者が肖像が彫られていないユダヤの貨幣に変える必要があるので、その求めに応じて店を開いていた。

したがってイエスの行為は神殿を管轄し

ている祭司たちの収入源を無くす行為であると同時に、祭司たちから見ればユダヤ教会の日頃の祭儀に対する重大な犯罪であった。神殿の祭儀は、民衆が買い求める生贄などを得て、はじめてなされるからである。

もちろんイエスの行為を祭司たちがよく思わなかったのは、それだけが理由ではない。当時のユダヤの体制では、宗教的権威をもつ人たちがもっとも高い地位に居た。祭司と、それに従う人たちである。彼らは、自分たちの生活を維持するためには民衆から崇められ、畏れられていなければならなかった。ところがイエスの教えはかつて高名であったヨハネの教えと同類のものであった。そしてヨハネはユダヤ教会の祭司たちをこき下ろしていた。

ルカによる福音書によれば、ヨハネは祭司ザカリヤの息子である。おそらく若い頃に祭司たちの実態を見て彼らを嫌うようになったのだろう。ユダヤ教は、当時周囲によくある宗教と同じように、生贄を捧げる単なる祭儀宗教に堕していた。祭儀にともなって祭司たちは私腹を肥やすことに終始して、民衆を救うよりも、民衆から金品を収奪していたと言われる。ヨハネはそんな祭司たちのやり方に反発して若いうちにエルサレムを出たと思われる。

当時の西アジア地域は、多くの文化が広く行き交った時代であった。ギリシア哲学やゾロアスター、あるいはインドの宗教（仏教）に接する機会を、エルサレムを離れた彼は得たと思われる。そしてヨハネは北方のこの地域で共通語となっていたギリシア語を通じて、それらの知恵をユダヤ教の内に取り入れようとしたのではないかと、わたしは推測する。

そのためヨルダン川の河辺に帰ってきたヨハネの教えは、人々の耳にかなり新鮮に響いたに違いない。多くの人がヨハネの周囲に集まったらしい。預言者としての評判が高まり、人々の間で人気があった。

> みなヨハネを預言者と思っている。（マタイ21：26）

そのヨハネは旧態依然のユダヤ教に対して相変わらず非難を繰り返していた（マタイ3：7―10）。祭司たちも苦々しく思っていたに違いない。ところが、そのヨハネは先に述べた通り、思いも寄らず、ガリラヤの領主だったヘロデに殺された。祭司たちは胸をなで下ろしただろうが、イエスが現れ、イエスが後を継いだらしいと知った祭司たちは、イエスもついでに亡き者にしようと相談するようになったに違いない。

当時の祭儀を中心としたユダヤ教の祭司が教えていたのは、聖書（モーセ五書）に記されていたさまざまな律法を厳守する生活規範だったと思われる。それに対してイエスがヨハネから受け継いだ教えは、すでに説明したように、心を改めさせる教えであった。とはいえ、旧約聖書には、ヨハネやイエスの教えに通じると思われる多くの預言者のことばが散見された。たとえば「隣人を自分のように愛せ」ということばは、イエスがたびたび教えた「隣人愛」と同じと見られるが、すでに「レビ記」（19：18）にある。おそらく祭司たちは、ヨハネの教えが、自分たちが教えている律法とどこが違っているか、はっきりと分からず、うまく反論することができなかったのだと思われる。

さらに、ヨハネの宣教は市外の、それもある程度市から離れたところで行われていた。したがってユダヤ教会の祭司たちも、民衆に預言者と見られていたヨハネについては、騒がずに静観していたほうが得策だと考えただろう。一方で当時のユダヤ地域はローマに支配され、ローマの宗教儀式が周囲で行われていた。エルサレム神殿の祭司たちは、自分たちの目と鼻の先でなされるローマの宗教儀式を、少し離れたところで黙って見ているほかなかった。それと比べれば、ヨハネの新奇な教えと自分たちへの批判は、まだまだ我慢のできる範囲内であった。

ところがイエスはあろうことかエルサレムの市中に入って来て、それも中心となる神殿の庭、外国人でもだれでもが入ることができる庭（異邦人の庭）で教えたのである。我慢の限界を超えていたと思われる。彼らにとって、イエスの教えは民衆の心をユダヤ教祭司から離れさせるものであり、自分たちの膝元で自分たちの地位を脅かすものだった。

じっさいヨハネもイエスも、「心を改める」ことを教えていた。その教えの性格からして、二人は、牛や羊、鶏や鳩などを殺して神に捧げる祭儀をしなかったように見える。実際、イエスは、「わたしが求めるのは生贄ではなく、あわれみである」（マタイ9：13）と言っている。[6] したがって弟子たちに、神殿で生贄を捧げさせることもなかっただろう。

たしかにイエスは、病を治した人に、「自分のからだを祭司に見せ……モーセが命じたとおりの献げ物をして、人々に証明しなさい」と命じている（ルカ5：14）。しかしこの場合は、相手が困っていたのは病自体より神殿祭司や祭司を尊重する立場の人たちからの不当な扱い（病身は汚れていると見なす）だったと思われる。イエスはその状況を打開する有効な手立てとして生贄を認めているだけである。生贄を献げる儀式が信仰に必要と考えていたとは言えない。この事実は、むしろイエスが、自分が相手にした一人一人の事情に配慮する「隣人愛」の精神を見せた証拠と見るべきだ。一方、生贄を神に捧げることは、神殿祭司の主要な勤めだった。

イエスの捕縛は、ユダヤ教会の祭司やその取り巻きに先導された一部の民衆によって、すでに述べたように、「過ぎ越し」の祭りの夜に行われた。その後のことも、すでに述べた通りである。

28……哲学の道とイエスの教え

哲学の道は、ことばを吟味する道である。より正確に言うと、ソクラテスが示した「一対一の対話」（問答）を可能にすることば（論理）によって、主題としたことばを吟味する道である。この道を通って哲学は真理を探究する。この道をたどると、すでに述べたように、パウロの説く物語、パウロが言う「信ずべきことがら」は、生前のイエスの教えの内にはない。すなわち、キリスト教伝道の使徒となったパウロの教えた信仰の要点は、弟子の立場で味わった「キリストの死の悼みとおのれの罪の悔い、そして復活の希望」だった。イエスの教えた内容は、パウロが教えた信仰にもとづいて編集され、あたかも旧約聖書で預言されたことがらのように、「福音書」に記され、大切に守り伝えられた。たとえて言えば、パウロが教えた信仰とそれに基づく教会は、「イエスの教え」をその荷台に載せた「リヤカー」のようなものであり、パウロは荒地でその「リヤカー」を慎重に曳く「御者」のようなものだった。

これはギリシア哲学におけるプラトンとソクラテスの関係にたとえることができる。プラトンはイデア論者であるが、ソクラテスが裁判で弁明した場に居て、ソクラテスの弁明を大切な宝としてその内容を忠実に記述してわたしたちに伝えてくれた。それが現代にも伝わっている著作『ソクラテスの弁明』である。一般には、プラトンはソクラテスの思想を十分に理解してその思想をイデア論に仕立てたと考えられているが、わたしの理解では、プラトンはソクラテスを神の如くに尊敬しながら、ソクラテスの言ったことを十分には理解できず、プラトン自身はピュタゴラス学派のイデア論に与した哲学者であったと、考えている。

すなわち、プラトンはソクラテスの哲学を継いだのではなく、ソクラテスの徳の追求をピュタゴラス学派から学んだ自分の哲学、すなわち、「イデア論」の形に変えて数々の作品を書き、後世に伝えたのである。一方、パウロは、イエスの教えではなく使徒たちの経験を聞いて物語を作り、その物語の中にイエスの教えを包み込んで、「福音書」の形にして伝えた。

つまりパウロの信仰とイエス・キリストの教えは、聖書を読むと、一見、一つのものと見えるが、じつはまったく別のものだと、わたしは理解している。そしてわたしがパウロの信仰とキリストの教えの間に違いがあることを結論した道は、わたしがプラトンとソクラテスの違いを見出した道と同じ道なのである。それはわたしの理解するソクラテス以来の「哲学」、すなわち、「ことば」をしっかりと吟味する道である。

この道は、じっくりとことばの論理をたどる道である。

たとえて言えば、遠くまで舗装された道を車で行くとき、ほかに車も人も全く見えないにもかかわらず、しっかりと制限速度を守り、同時に左右に目を配りながら車を運転するように、ことばを一つ一つ問題にして、十分に納得できるまでその吟味をやめない歩みをする。この道の歩みは、パウロが「イエスの十字架上の死」を示して神の教えを宣べ伝えることを「愚かしい道」と呼んだように、わたしが進もうとしているこの道の歩みも、牛の歩みである。地面をその蹄で一歩一歩とらえて進む。とはいえ、これこそがことばがもつ論理の歩みである。

哲学が道を進む速度は、じつにゆっくりとしている。それがもしもだれにも迷惑を掛けず、車の制御能力も十分なら、スピードを出して目的地に着くほうが車を利用する意味がある。哲学の進む世界には警察の監視などない。それにもかかわらず、それでもルールを守って道を行くことは、はたから見れば、たしかに愚かしい。しかし、この姿勢でことばを吟味すると、イエスの言ったことととパウロの言ったことは、異なった教えであることが見えるのである。

わたしは、これからも福音書を読むにあたって、哲学の歩みをたどる。この歩みを着実にして、イエスの教えを理解することは、その教えを本当の意味で尊ぶことになると、わたしは信じている。

29……「悔い改め」（メタノイア）の意味

イエスが、当時預言者の噂が絶えなかったヨハネから受け取った教えは、福音書によれば、「悔い改めよ、天の国は近づいた」（マタイ3：2）であった。それゆえ、わたしたちは、まずはイエスの教えの始点にあたると思われるこのことばから、吟味してゆきたい。

まず、日本語訳聖書が「悔い改め」と訳しているギリシア語は「メタ・ノイア」である。このギリシア語の意味は、少なくとも直接には、「悔い改め」ではない。単語後半の「ノイア」は、「知識や思惟」を意味する。頭の「メタ」は、「後に続く」、「即して」、「従って」を意味する。それゆえ「メタ・ノイア」は、「正しい思惟に即して」、あるいは「正しい思考に従う」と訳される語である。分かりやすく訳せば「本当によく考えること」である。英語その他の現代語訳にならって日本語訳福音書は、これを、「悔い改め」と解釈して現代語に訳している。

先の文の後半の「天の国は近づいた」のほうは、もとのギリシア語に沿った訳になっている。しかしながら、前半を一般の現代語訳にならって「悔い改めよ」と訳すと、全体が、「罪を悔い改めなさい、もうすぐこの世の終わりが来ます。罪を悔い改めて神のゆるしを得ておかないと、あなたは天の国には行けません」というふうにとれる。つまり日本人の文化を背景にすれば、仏教で言われていた「末法の世」がすぐそこに来ている、だから悔悛しなさい、そうしないと浄土に行けない、という類いの教えと受け取られる。

しかし、「メタノイア」が、「よく考える」こと、「正しく考える」ことを薦める言葉だとしたら、ヨハネが言っていたのは「よく考えてみたらいいですよ、その考えが正しければ、あなたのそばに天の国が近づいて来ますよ、天の国との距離が縮まってあなたにも天の国が見えて来ますよ」という意味にとることができる。

この場合でも、よく考える対象を「自分自身」とするなら、それは自己を省みることであり、自己を省みれば、自ずとおのれの罪が見えて来て、それによって罪を悔い、その反省が心を改めることにつながる。したがって、「メタノイア」をいっそのこと分かりやすく「悔い改め」と訳しても、結局、同じことではないかと、言うことはできる。

百歩譲ってそれはその通りと認めるにしても、わたしは先のわたし自身の慎重な歩みとなる訳に基づいて、ヨハネの教えがどのようなものだったのか、まずは考えていきたい。そしてイエスはヨハネから直接に教えを聞いたのだから、イエスはその教えを正確に理解したと考える。

さて、わたしの訳文と福音書の訳文の大きな違いは、福音書の訳文が、わたしの訳文にはない「脅し」の雰囲気をもっていることにある。ヨハネは、たしかに当時のユダヤ教会の祭司およびそれに連なる人々のもつ考えに「怒り」を懐いていた。まさに彼らに向けた脅しのことばを、福音書は、いくつか伝えている。

> 蝮の子孫よ、来たるべき神の怒りから（自分たちは）逃れることができると、だれが教えたのか。悔い改めにふさわしい実を結べ。「われわれの父はアブラハムである」と、心の内で思ってはならない。わたしは言う。神はこれらの石ころからでも、アブラハムの子らを造ることができる。斧はすでに木の根元に置かれている。良い実を結ばない木はみな切り倒され、火に投げ入れられる。（マタイ3：7-10。カッコ内は著者による補い）

神は「塵から」人間を造ったのだから、「石ころ」からアブラハムの子孫を造ることはいつでもできると、ヨハネは言っている。このヨハネのことばから推し量ると、祭司たち、あるいは、律法を遵守することに誇りを持った人たちは、自分たちはかつての族長アブラハムの直系の子孫であると言って、民衆に対して優位な位置に居ると信じていたのだと思われる。それに対してヨハネは、神はどんなことでもできるのだから、それはばかげた自慢だと言うのである。

そのあとの、「斧は木の根元に置かれている」は、「すぐにも切り倒されてしまうぞ」という脅しの文句だろう。ただ、「良い実」と言える「良き人間」の具体例が述べられていないので、どんな人間が悪い人間として火に投げ入れられるのか、正確には分からない。ただ前述した「アブラハムの子孫だ」と人に自慢する人間は、少なくともヨハネは「火に投げ入れられるべき悪い人間だ」と、考えている。

しかし、祭司連中はともあれ、ヨハネの教えを慕ってヨハネのところに来ていた庶民に対しては、ヨハネも「脅しのことば」で教えを語る必要はないはずである。従って、ヨハネは、庶民に対して、たんに「正しく考えなさい、そうすれば天の国が近づく」と言っていたと、考えられる。ところで、「正しく考える」とは、「哲学する」ことである。じっさい、「正しく生きるために正しく考える」ことは、ソクラテスがつねに「実践していた哲学」である。

したがって、ヨハネの教えと、それに連なると考えられるイエスの教えは、まさに「哲学の方法」で考察した結果のはずだから、それによってこそ、本来の仕方で理解することができるに違いない。

これに対してキリスト教会の福音書の解釈は、基本的には、イエスの死後、残された使徒の思いによる解釈である。その思いにしたがって使徒が懐いた確信（信仰）は、「イエスは十字架刑で死んだが、本当は神であったので、三日目に復活したに違いない。十字架刑でいったん人間の身として死んだのは、自分たち人間の原罪を神にゆるしてもらうためだった」というものだった。

しかし、すでに述べてきたように、わたしはこの一般的キリスト教会の信仰をイエスの教えを解釈するときの視点とすべきではないと考えている。イエスの教えは、使徒の信仰とはまったく別であったと考えている。ただし、わたしは自身の偏見による解釈の間違いをできるだけ起こさないために、マタイによる福音書の記述のうち、理性で納得できることばがあれば、そのことばにはこれまで通り可能な限り即していく。

30……メタノイアによって罪を見る

マタイによる福音書（3：2）でヨハネが述べたと言われる語「メタノイア、天の国が近づいている」が出ている文面のすぐあと、洗礼を受ける者に求められたことが、「自分の数々の罪を自ら認める、自ら告白する」（3：6）であったと言われている。つまりこれが「メタノイア」の具体的内容だと言える。そしてそのあとに、さらに、ヨハネは「それにふさわしい実を結べ」（3：8）と言っている。

つまり本当に正しく考えたのなら、おのれの罪を認めるうえに、その結果を示せるはずだ、と言うのである。原因となる心が正しいのなら、その心が生み出す結果としての言動も、正しいものでなければならない。したがって、「ちゃんと考えてますよ」と言うなら、その結果を示すことが出来るし、その結果は、先の言葉からすれば、おのれが犯した罪に気付くことであり、また一つには、

「自分はアブラハムの子孫であるといささかも思わない」でなければならない（同３：９）。それが、ヨハネの教えである。

アブラハムという人物は、神の声を聴いてユダヤの一族をメソポタミアの町から連れ出した最初の族長である。族長の血は、その後、正統な夫婦関係を通じて伝えられていると見られていた。

ところで聖書から引用した前述のヨハネが言った言葉の文末は「いささかも思わない」である。したがって、ヨハネは、「メタノイア」があれば、その結果は「心の中の思い」に出ると言っている。このことから察するに、何が「メタノイア」の結果改まるかと言えば、明らかに「心の中の思い」である。その思いは言動となってさらに体外の表に出る。

なおかつ、メタノイアの結果、「罪を認めて告白する」ことは、「自ら罪を悔いる」ことである。そしてその罪は、かならずしも実際に行った犯罪ではなく、まずは「心の中の罪」であると言える。なぜなら、「メタノイア」によってヨハネが問うているのは、明らかに「心の中の事態」だからである。

つまり「殺すな」という戒律に反することがらは、実際の殺人ではなく、あなたが「心の中で求めた」他者の死である。それは他者に向けた「怒り」であると言える。他者に対する怒りは、他者の死を望むからである。他方、「盗むな」という戒律に反する心の事態は、「他者の所有物を自分の所有物にしたいと心の内で望む」ことである。言い換えれば、「他者の所有を羨む」ことである。また「虚言」についての戒律は、他者の目から真実を隠したい望みが心の内にあることから生じる。あるいは、他者をだましてその相手の言動を自分の望むようにしたいという心の内から生じる。したがって、これらの望みを心が懐くことも、心の内に起こる「戒律に違反する事態」である。

ヨハネは、これらの心の中の事態を、やはり「罪」と考えていた。

さらに、「自分がアブラハムの子孫だ」という考えを懐くことが、ヨハネが「罪」と見ているとすれば、彼の真実観には「じっさいに自分が見たものごと」のみが真実であって、それ以外のものごとは真実だと確信してはいけないという、かなり厳格な真理基準があったと思われる。つまり自分が見たことしか真実でないとすれば、はるか昔の先祖のことなど、真実であるとは言えない。特にそれを自分に教える者が生きている間に見たとは言えないほどむかしのことであるなら、それは伝聞に過ぎない。伝聞であれば、だれかの作り話である可能性が高い。それが真実ではないとすれば、真実でないものを真実だと思うことは、間違いを正しいと思うことである。そう思うことは、じつは自分自身をだます罪を犯している。

あるいは、ヨハネは旧約聖書でも指摘されていた「傲慢」の罪を「自分はアブラハムの子孫である」という「自己認識」に見ていたのかもしれない。この可能性も高い。事実、「傲慢」も心の内の罪である。

それゆえ、ヨハネが告白するように求めた罪は、他者の目に明らかな犯罪行為ではなく、他者の目からは隠れた「心の罪」であったに違いない。そしてこれは、すでに引用したイエスのことば「杯の内側を清めなさい」にあるように、イエスの教えの内にも見られる特徴である。

そして、そのように、「メタノイア」が正しくなされるならば、これまで偏見に執していた心が改まって「正しい心」になるという結果が出る。反対に、この結果が出なければ、その人の罪の告白（悔い）は、自分が教えている「メタノイア」の結果になっていない。つまり「良い結果」が出ないことが分かれば、その原因の「メタノイア」が正しくなされていないことが分かる。心を正しく改める原因となる「メタノイア」と、そこから生じるはずの「罪についての自覚・悔い」が、じっさいに心を改める原因のはたらきをしているかどうか。それは、心に現れるその結果が証明する、という理屈である。

言い換えれば、ヨハネは自分の罪を自ら気付いて告白することを、ごまかしなしに、実際に、確実にしなければ「正しい結果」は得られない。「告白」（悔いること）を嘘にしてはならないと言うわけである。

以上のことから分かることだが、イエスがヨハネから受け継いだ「メタノイア」の教えは、心の中の教えであって、心の外に実際に見えることがらの教えではない。したがってそれ自体は、ことばで明らかにすることができない。そしてわたしが見るところ、四つの福音書に見られるイエスの教えの断片の数々は、どれも、まさに「メタノイアによって見出されたおのれの罪を悔い、その悔いによって心を改めた結果として現れるべき心のはたらき」を示している。つまりイエスの教えの数々は、正しく「悔い・改め」をするための方法を教えているのではなく、もしも正しく悔い改めることができたなら、もつことができるはずの「正しい心」を語る教えなのである。つまりイエスの教えは、じつは結果だけを語っている。どうすれば本当におのれの罪を悔い、心を改めることが「あなたに」できるかは、イエスの教え（福音書）には語られていない。

すなわち、福音書に伝えられたイエスの教えの理解がわたしたちにとってむずかしい理由は、実際に「悔い・改めた」経験が自分になければ、イエスの教えはとうてい理解できない内容だからである。本当の「悔い・改め」に至らず、おのれの罪に苦悩するままでは、イエスの言う「結果」(天の国に入ること)のすばらしさは、決して自分の心に生じない。たしかに「教えられた通りにすれば、だれでも天の国に行ける」というのが、イエスの教えである。しかし、これはたんに頭で何かを理解したうえで実際にやってみる、するとその通りだと「分かる」、という種類のことがらではない。

そもそも「原罪」と言われる「おのれの罪」の底深さを十分に心の目で見出すことが出来なければ、それを十全に「悔いる」ことはできない。原罪を悔いることは、「悲しみ」をとことん味わうことである。しかし、「悲しみ」をいっとき味わうだけで終わってしまうなら、その人は本当の意味で「悔いている」とは言えず、「悲しむことを楽しんでいる」だけである。本当に悔いるためには、おのれの罪を純粋な目で見続けることができなければならない。

そのとき人は、はじめて自分の罪深い心を長時間「十字架に掛けて殺す」ことができる。イエスが十字架上で長時間苦しんだ末に死んだように。そして十字架で死んだイエスが「復活」したように、そのときこそ人は幼児の心の純粋さを取り戻すことができる。このときはじめて、天の国に生きることが、どういうことか分かる心が生まれる。

それゆえ、イエスのことばは「悔い・改め」が自分で実際にできない人には、まったく理解しがたい。なぜなら、原罪をもつ人は、天の国を味わったことがないからである。そして、十分に悔い改めなければ、その原罪は払拭されず、天の国に入ることはできないからである。

すでに述べたように、パウロでさえも、イエスの教えていることを理解できていない。パウロの物語を信じてキリスト教徒になった人も、福音書に記されたイエスの教えは、結局は遠く離れた憧れの対象に過ぎない。天の国は、見当もつかない未知の国のままである。

しかしこのようなことは、仏教哲学でも同じである。仏教の経典が述べていることは、たとえば「空《くう》」の心とか、「無我」の心とか、どれも「悟ったならば分かる」ことがらであって、悟らない人間に「分かる」ことがらではない。しかし人間が悟るためには、どうすればいいか、どの道をどうたどればいいか、その道筋を仏教の経典はことばで明確に描いていない。つまりキリスト教福音書と仏教経典の理解のむずかしさは、じつは同じことに起因している。イエスの教える信仰も、釈尊の教える信仰も、正しく信仰を得た正しい結果は、比喩を用い、ことばにすることがかろうじてできるけれど、そこに至る道筋は、ことばにすることがまったくできない代物なのである。

じつは、このことは、ソクラテスの哲学でも同じである。ソクラテスの哲学は、ヨーロッパの哲学の一つに数えられているが、古代においては一種の宗教と見られていた。彼の哲学は、宗教臭を払拭されたかたちでプラトンによって後世に伝えられたために、また当時の俗化したギリシア宗教やキリスト教に覆い隠されて伝えられたために、今では宗教臭さのない全くの「哲学」として一般に受け取られている。しかし彼自身のことばを伝えている『弁明』を読めばわかることだが、そもそも彼の哲学の目覚めは、デルポイの巫女を通じた神託によってあった。ところで「神託」は、神のことばだから、この点では、ソクラテスの目覚めは、旧約聖書の「預言者の目覚め」（神の呼び出し）と同じ類である。

また『弁明』という作品に伝えられた彼の裁判時のことばを読み直してみると、晩年には自分の哲学の核心にあるものが「宗教」であることを、彼自身は隠さなかった。『弁明』のなかで、彼は自分がしていることは「神への奉仕」であると言い（23c）、自分は「神から贈られたもの」（31b）だとまで言っている。さらに「神から遣わされた」（31a）となれば、キリスト教聖書の言い方にならえば、ソクラテスは自分で「わたしは神の使徒だ」と、言っているに等しい。

しかも弁明を始めたところで、彼は「善い結果」が出るように、神に祈っている。その時に彼が人々を前にした場で何度か口にした祈りのことばがある。それは、一般に目にする『ソクラテスの弁明』の現代語訳では、無意味な接続詞に訳され、なぜか一般読者には隠されているが、ギリシア語の文法通りに訳せば、「神の意思の（＝ものごとが神に在らしめられる）ままに」、あるいは、「在るがままに」を意味する「エイエン」（be動詞の希求法複数形）というギリシア語なのである。このことばは、英語にすれば「レット・イット・ビー」である。

ところで、これに関して気になることがある。キリスト教会では、一般に祈りの結句に「アーメン」という語を用いているが、たとえばマタイによる福音書では、イエスの言葉の初句でしか使われていない。全部で一九か所あり[7]、どれも、イエスが「はっきり言っておく」と言うときに、用いている。「言っておく」のところは、原文では「あなたがたに、わたしは言う」（レゴー・ヒューミーン）である。したがって、イエスの「アーメン」は、これから自分が言うことはキリストの言葉であることを、「はっきり」させる意味で用いている。決して祈りの結句ではない。

他方、旧約聖書の申命記では、「アーメン」は呪いの掟と題された場所に見られ、それぞれの呪いの文句をレビ人が宣言するとき、民衆はそれに答えて唱和する用語とされている。

……レビ人は、大声でイスラエルの人すべてに向かって宣言しなければならない。「職人の手のわざに過ぎぬ彫像や鋳造は主のいとわれるものであり、これを造り、秘かに安置するものは呪われる」。それに答えて、民はみな、「アーメン」と言わなければならない。「父母を軽んずるものは、呪われる」。民はみな、「アーメン」と言わねばならない。「隣人との地境を動かすものは呪われる」。民はみな、「アーメン」と言わなければならない。（申命記27：14－26）

つまり「申命記」では、たしかに祈りの結句として、「アーメン」がある。そしてこのことから見て、キリスト教会での「アーメン」の用い方は、古い申命記の習慣を使徒たちが取り入れたものだと考えられる。じっさい、イエスが使徒に教えたとされる「主の祈り」は、マタイとルカの福音書に伝えられている（マタイ6：9－13、ルカ11：2－4）が、どちらでも「アーメン」と最後に唱えなさいとは、イエスは言っていない。後に作られたラテン語訳聖書と若干の写本には、「アーメン」が付け加えられているが、これとても、これがイエスの用例ではなく、祈りの結句として唱和するキリスト教会の習慣を反映していると見ることができる。

したがってイエスの用いている「アーメン」は、本来は、「神の思いのままに」という意味だろう。『キリスト教用語辞典』（小林珍雄編、東京堂出版、一九五四年）の「アメン」の項目では、「ヘブライ語で『然り』の意味」という。この辞典項目の根拠はパウロのコリント教会への第二の手紙

（1：19：20）にある。この箇所でパウロはたしかに、わたしたちは神をたたえるために「然り」の意味で「アーメン」と唱えますと、言っている。「然り」とは「まさにその通り」と言い換えることができる。すでに述べたように、一般人（罪びと）の心のもつ願いは、むしろ罪の発端となる願い（欲望）に過ぎない。しかしそれから外れた周囲のありさまは、すべてを神が造っている。これがイエスの見ている世界でなければならない。

したがって、「然り」とは、今、現にある通りにものごとが在るさまが、「然り」のようす、「神の思いのままの現われ」である。それはまた、「在るがまま」である。そうだとすれば、興味深いことに、ソクラテスとイエスは、類似の祈りのことばをもっていたことが分かる。二人の間にあるこの類似した祈りの言葉は、さらに古いゾロアスター教に元があったのではないかと、わたしは疑っている。

ソクラテスが人々に実際に話していたことは、クセノポンの『思い出』にあるように、たいがいは誰にでもわかりやすい内容だった。しかし「無知の自覚」という究極のことになると、やはり理解のむずかしい内容なのである。ソクラテスも、彼の人生最期となる裁判の弁明の場に至って、どうやらはじめて人前でそれを口にしたらしい。おそらく、人に話してもどうせ分かってもらえないと、長く考えて黙っていたのだろう。イエスや釈尊の教えと同じように、肝心なところはソクラテスの哲学も、理解しがたいのである。

したがって、ヨハネもイエスも、肝心なこと、すなわち、どうすれば心を改める結果が得られる悔いが、心の内でできるかを、教えていない。教えたくなかった、ということではない。それはだれがどんなにがんばっても、説明できることばにできないのである。ところで、説明できないことは、人に教えることができない。したがってそれは、誰に対してであれ、残念ながら誰も、教えることができない。

31……イエスの教えの探究へ

教えることはできないとしても、イエスが話したことをパウロの信仰と混同しないように探究するためには、イエスが育った時代と環境について見ておく必要がある。というのも人間は、自分が育った環境の中で言語を身に付け、いろいろなことを知って育つからである。イエスは、エルサレムの市内に育った人ではない。またその近くで育った人でもない。むしろエルサレムからは遠いナザレという小村に生まれた。そこはアラム語が話されるユダヤの一部とはいえ、ギリシア語圏に近縁の土地だった。「ガリラヤ」と呼ばれ、まさに預言者イザヤによって「異邦人の土地」と呼ばれていたところである（マタイ4：15）。

したがって、イエスは当時一般民衆のアラム語で育った人だったが、当時そのあたりで商売人たちが使っていたコイネーと言われるギリシア語を子供のころから耳にしていたはずである。イエスはそれをよく解していたに違いない。そしてギリシア語圏には、イエスが生まれる四〇〇年ほど前（紀元前三九九年）に亡くなったソクラテスの哲学が、すでに広く知れ渡っていたと思われる。じっさいソクラテスの弟子が起こしたキュニコス学派の哲学者が、紀元前後にナザレから遠くないところで活動していたと言われている。

イエスの言動から見て、彼がイスラエル（ユダヤ）の人間であることにこだわりがあった可能性はある。マタイによる福音書には「わたしは、イスラエルの家の迷える羊のところにだけ、遣わされているのだ」（15：24）と、イエスは言っているからである。

しかしこのことばは、イエス自身のことばというより、イエスの弟子たち（使徒）が伝道にたずさわったときの自覚を語っているのではないかと、考えることもできる。したがって、イエスがそのこだわりをどの程度強く持っていたか、憶測の域を出ない。イエスはその言動からしても人と比べてより知的であったと思われる。その彼が若い頃に知的な関心を向けたところは、若い頃のヨハネと同じく、ユダヤ教圏内に限らなかったに違いない。イエスが若い頃にギリシア的な知恵に接して深い思索をもったことは、十分にありうる。

地方出身のイエスの生活は、当初から素朴なものだったことは、おそらく確かである。一方、ソクラテスは、紀元前五世紀当時繁栄していた都市、アテナイ市内で生活していながら「奴隷でも逃げ出す」と人に言われるほど貧乏な生活を平気でしていた人だった。年中裸足、年中同じ衣で、ふろにも入らない生活をしていた人であった。ふつうならこのような人間は他者から嫌われ、遠ざけられるだろう。ところがソクラテスは、つねに多くの若者に取り巻かれ、彼の話は敬意をもって聞かれていた。これらのことは、同時代に生きた喜劇作家アリストパネス、哲学者プラトン、作家クセノポンによって確実に伝えられている。

したがって田舎暮らしのイエスが当時伝えられていたに違いないソクラテスの会話を、相当な興味をもって聞いたことは十分にありうる。プラトンと同年と見られるクセノポンが書いた「ソクラテスの会話」(『思い出』ほか)は、現代にまで伝わっている。その作品はギリシア語を公用語とした東ローマ帝国から中世の末に西ヨーロッパに伝わった。したがって、ローマが東西に分かれる前の四〇〇年の間に、それがギリシアからイエスの耳に届くところまで伝わっていたとしても、何ら不思議ではない。であれば、自分と同じような貧相な生活のなかで真理を探究して七〇歳まで生きたソクラテスの会話に、若いイエスが興味をもたないはずがない。

たとえば、ソクラテスと言えば「無知の自覚」の教えが頭に浮かぶが、その具体的内容は、「善美なことについて、私は知らないから、その通りに、知らないと思う」だと、彼は弁明の場で言っている(プラトン『ソクラテスの弁明』21d)。イエスも、善いことについて或る青年に尋ねられたとき、「なぜ、善いことについてわたしに尋ねるのか。善いかたは神一人だけである」と答えている(マルコ10:18、ルカ18:19)。つまりイエスも「善いことは、神だけが知っている、わたしは知らない」と言っているのである。

一方、善いことについてのこれと類似の文句は、旧約聖書には見つからない。福音書が伝える洗礼者ヨハネの教えにも含まれていない。イエスの話は、よく旧約時代の預言の成就として解釈されるが、「善いことを知らない」については、それでは解釈できない。やはりイエスは、ソクラテスの会話からも、多くを学んでいたと考えられる。

さらにまた、イエスは、いくつかの「たとえ話」をしている。

ヨハネは「悔改めにふさわしい実を結べ」「良い実を結ばない木はことごとく切られて、火の中に投げ込まれるのだ」（マタイ3：8、3：10）という言い方で、イエスのいう「良い木は良い実を結び、悪い木は悪い実を結ぶ」（マタイ7：17）と同様のこと、すなわち「善い心からは、心の内外に良いことが生じるが、悪い心からは、心の内外に悪いことが生じる」という内容を、わかりやすく「実のなる木」にたとえて説明していると言えるが、この例くらいしかヨハネのたとえ話は伝わっていない。

イエスは、この点でもヨハネにならったとは言えるが、しかし、イエスの教えにしか見られない数多い「たとえ話」がイエスが彼一人で、短期間のうちに考え出したというのは訝しく思われる。というのも、旧約聖書を読んでいても、「たとえ話」によって神の教えを示すという習慣は、イエス以前にはユダヤには無かったように見えるからである。

一方、紀元二世紀頃にあったと伝えられる「メナンドロス王」（現在のアフガニスタンのカブール付近出身）というギリシア人の王と、或る仏教の高僧の間にあったという対話が、パーリ語の原典で現代に伝わっている。日本語訳は、『ミリンダ王の問い――インドとギリシアの対決』（1-3、東洋文庫7・15・28、中村元+早島鏡正訳、平凡社、一九六三-一九六四年）である。メナンドロス王が仏教の高僧（尊者ナーガセーナ）に出会って仏教について問い、それにナーガセーナが答えている内容であるが、ナーガセーナは、仏教の教えを、繰り返しさまざまな「たとえ話」で王に説明している。たとえ話以外の方法では答えていないと言ってもいい。メナンドロス王がどこまでその答えに納得したかは分からないが、たとえ話の種類はかなりの数に上る。したがって、たとえで説明することは、当時（紀元前後）の仏教真理の説明の王道であったと見ていいだろう。

メナンドロス王と高僧の対話は、ギリシア語でなされたに違いない。ということは、たとえ話をふんだんに含んだ仏教の説明が、イエスが居た同じギリシア語圏に広く伝わっていた可能性は十分にあると思う。それゆえ、すでに述べたように、ギリシア語で接近できる知恵に若いうちから積極的であったイエスは、仏教伝道の知恵に対しても興味をもったとしても、不思議ではない。

しかもそれは、ヨハネも同じだったのではないかと思う。実際、わたしから見ると、ヨハネとイエスは、ユダヤ教から出発しながら、それを内から大きく改革しようとする宗教運動を始めていたと言うことが出来る。ところが民族宗教というものは本質的に守旧的であるので、二人の運動は結局ユダヤ教を変革することはできなかった。しかし、すでに説明した通り、ある種の偶然が作用して、イエスの運動から新しくキリスト教が生まれた。キリスト教会は、この時の偶然を、神の行いとして聖書に記しているわけである。

イエスの弟子が、あるときイエスに尋ねたと、福音書にある。「なぜたとえ話であの人たちにお話しになるのですか」（マタイ13：10）。福音書の記述者は、そのすぐあとにイザヤの預言を紹介している。

あなたがたは聞くには聞くが、まったく悟らない。見るには見るが、まったく認めない。この民の心は鈍くなり、耳は遠くなり、目は閉じてしまっている。（同13：14－15）

よく指摘されていることであるが、福音書の記述者は、イエスの誕生、その活動、教えを旧約時代の「預言の成就」として説明することをつねにもくろんでいる。そのため、福音書の記述者とすれば、そういう預言の成就のために、イエスはたとえで話した、ということなのである。

しかし、旧約の預言書には教えをたとえで話すことは述べられていない。それゆえイエスがたとえ話をしたのは、預言の成就のためではなく、説明し難いことをなんとか分かりやすく説明しようとしたからに過ぎないことは、弟子たちの質問から十分に察せられる。そしてその態度は、誰とでも議論したソクラテスの影響でもあったが、おそらくそれ以上に、たとえ話を多用した仏教伝道の影響があったと、わたしは見ている。

以上、イエスがキリストとしての活動を始める前に、彼がどんな知恵に接したと推測できるか——言うまでもなく、確たる証拠はない——については、以上ですべてである。

IV

イエスの教えの探究

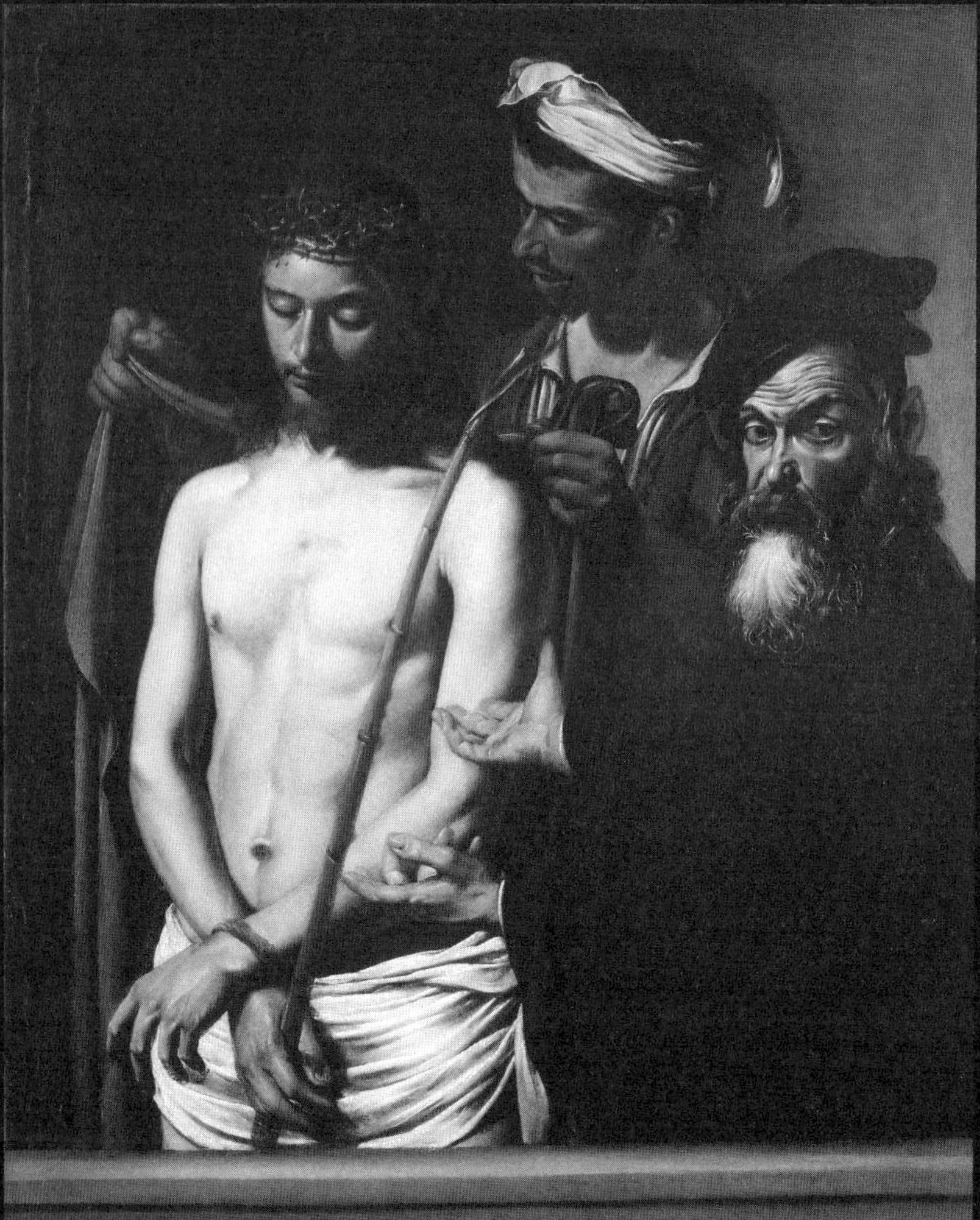

尋問されるイエス（カラヴァッジオ）

32……イエスのことばを哲学する

前章までに語ってきたことを背景ないし土台として、福音書に伝えられているイエスのことばを吟味したい。

すでに述べたように、真実に哲学の道を取ることは「ソクラテスにならう」ことである。『ソクラテスの弁明』(28e–29a)によれば、ソクラテスも、デルポイの神託「より知恵のある者は居ない」を「哲学した」(そのことばを吟味した)ことによって、神が自分をその後の活動(自他の知の吟味)に招聘したのだと、ソクラテスは理解した。すなわち、「ソクラテスより知恵のある者は居ない」という巫女を通じた神託を、自分が哲学で神に奉仕するように、という「神の導き」であると、あるいは、「神からの命令」だと、ソクラテスは「哲学」(知の吟味)を通してはじめて受け取る(十全に納得する)ことができた。

じっさい『弁明』によれば、ソクラテスは「もっとも知恵がある」と、巫女を通じて神から褒められた。しかし彼は神に褒められても、有頂天にはならなかった。むしろ疑問を懐き、あえて神のことばを吟味したという。知恵がありそうな人を訪ね、正義その他の善美な事柄について対話した。すぐれた政治指導者、詩人、すぐれた技術を持つ工人、等を、尋ね歩き、上下隔てなく対話したのである。そしてできる限りの吟味の結果、彼は、神が言う知恵が何であるかに、ついに気付いたのである。そしてその知恵（哲学）を、大いに社会の中で発揮することが、自分が神から受けた使命だと、ひとり結論し、ひとり納得した。

以来、ソクラテスは多くの人と、聞き耳を立てる若者に取り囲まれながら、毎日、市内の広場で、あるいは、個人の開いた宴会の席で、数十年にわたって対話し、教えた。そしてその記憶の一部は、クセノポンやプラトンによって著述され、後世に伝わった。そしてイエスの時代には、その著作に書かれたもの以外の会話も、おそらく口承で伝わっていたに違いない。イエスはそれを耳にしただろう。そして彼も、ソクラテスのことばを参考に、ひとり思索したに違いない。

したがってイエスの教えの根本に迫るために哲学の道を取ることは、イエスが接したと思われるソクラテスのことを考えれば、決して不当なことではないと言える。

33……心の貧しいものは幸いである

それゆえ哲学の道をたどってイエスの教えを見出すことにしよう。

イエスが行った「山上の垂訓」と銘打たれた教えは、マタイによる福音書には、まず八つの箇条書きで掲載されている。

その最初の一句が「心の貧しいものは幸いである」（マタイ５：３）であり、そして「天の国はその人のものだから」ということばが、その直後に続いている。

後続のことばは、「心の貧しい」その人が「幸いである」ことの理由を述べている。また「その人のもの」という訳のところは、吟味を正確にしたい。そのために文法的には同じ「その人に属する」と、訳語を換えて読む。したがって次のような推論がそこには見出される。

「真の幸福があるところは、天の国である。したがって、幸福な人は、幸福であるかぎりで天の国がその人に属している。ところで、心の貧しい人は幸福な人である。ゆえに、心の貧しい人には、天の国が属している」

つまり天の国は、居心地のいいところであるとか、きれいなものに囲まれたところだとか、宝物がたくさんあってお金に困らないところだとか、何かそういう目に見える国だという説明を、イエスはしていない。じっさいイエスは、天の国がどんなところか、何も言っていない。天の国では何が見えるか、何が聞こえるか、何が匂うか、そういう感覚的なことには一切触れずに、たんに心が「幸福である」ことが、「天の国が属している」ことだと、イエスは述べている。

しかも「天の国が属している」という言い方は、少しおかしく聞こえる。身体は地上の国に属している。これは貧しい人も貧しくない人も、だれもが同じである。それに対して、「天の国が属している」という文句は、「天の国が一部であれ、貧しい人の心に入り込んでいる」と理解することができる。つまり「貧しい人の心は、少なくともその一部であれ、天の国に入って天の国の暮らしを楽しんでいる」と、受け取ることが出来る。言い換えれば、少なくとも貧しい人の心のどこか一部は、天の国に在って、そこで貧しい人は生きているという意味である。

したがって、イエスはたとえ身体の目には不快なものが見え、耳には不快な音が聞こえても、あるいは、鼻は不快なにおいにさらされても、そういうこととは無関係に、「貧しい人の心は、少なくとも片隅であれ、天の国に居る」と言っているのである。

他方、ルカによる福音書の類似箇所（6：20）では「心の」に当たることばがない。とはいえマタイによる福音書の「心の」は、ギリシア語では「プネウマにおいて」となっている。プネウマは「気息」、「霊」という目に見えない心のはたらきを指している。しかし前述のように、幸福であることはもともと「心の」状態である。幸福な人が居ると言う天の国は、五感でとらえられる天国のイメージではない。じっさいイエスは言っている。「神の国は、見える形では来ない。『ここにある』、『あそこにある』と言えるものでもない」（ルカ17：20-21）。したがって、「心の」は、むしろ「幸いである」ことが起きている「心」という場所を指しているだけである。そう見れば、納得がいくことばになる。したがって、「心の貧しいものは幸いである」ということばの意味は、「貧しいものは、その心が幸福である」と、理解すればいい。

問題は、「貧しいもの」が、どんな人を指しているかである。なぜ「貧しいもの」は、「貧しいがゆえに心が幸福である」ことができるのか。これが分からなければ、やはり一句全体の意味は理解できない。じっさい、通常は、貧しい人というのは、「金銭に余裕がない」人を言う。しかしそうだとしたら、その人は金銭に「困っている」のだから、「ゆえに心が幸福である」というのは、理解しがたい。なぜなら、「困っている」とは「心が困惑し、本当の事態を理解していない」状態であり、「金銭が無くて困っているのだから、是が非でも金銭が欲しい」と、欲求が心に過剰に起きている状態を指すのが、通常の理解である。しかしそれは明らかに「幸福ではない」状態である。

しかしわたしたちは、イエスが金銭に関連して「皇帝のものは皇帝に返せ」と教えていたことを知っている。そしてその意味は、社会の分業体制から「離れる」ことが、神のもと（天の国）に帰るために必要だということである。このことを、わたしたちは推論を通してすでに見出している。それこそが「神のものは神に返せ」という教えだと、わたしたちは理解した。

ところで分業体制は、その間を金銭が流れることによって成り立つ体制である。分業のなかで一つの仕事の生産物を他の人がしている仕事の生産物と交換することを可能にするために、金銭が流れている。どのような生産をする仕事を担当しているかに依って、金銭の受け渡しの量は違う。その違いが競争を生み、市場経済を活性化し、分業体制を成り立たせている。そこから、時がたてば金持ちと貧乏人の階級が、社会の中に生まれてくる。

持っている人は与えられて、さらに豊かになり、持っていない人は持っている物までも取り上げられる。（マタイ13：12、25：29、マルコ4：25、ルカ8：18。ただし、それぞれこのことばの文脈は違う）

しかし、イエスが言う「貧しいもの」とは、はたしてこの体制のなかで生まれている貧しい階級のことだろうか。すなわち、金銭を持つ分量に関しての貧乏人のことだろうか。しかし、金銭に関連してわたしたちが見出したイエスの教えは、この体制そのものから離れなければ神のもとに帰れない、すなわち、天の国に入れないという教えだった。したがって、幸福な人は、仕事の分業体制から「離れた人」でなければならない。

ところで、「金銭が流れている体制」が分業体制であるなら、そこから離れれば、自分が居るその場所には「金銭は流れていない」。そこに居る人間は、やはり金銭をもたない。金銭が動いている社会から見れば、貧しい状態である。分業体制の中にも少額の金銭しかない貧しい人が居るが、分業体制を離れたところには、一銭たりとも金銭をもたないものが居る。金銭が存在しないところには、貧しい人しかいない。たとえば豊かな森に囲まれ、すべての必要を自然から直接受け取っている人たちは、金銭をもたない。彼らは金銭をもたないから、分業体制の中に居る人からは「貧しい」と見られる。

じっさいマタイとルカによる福音書（ギリシア語）で天の国が属していて幸福だと言われている「貧しいもの」は、通常の貧乏人を指す〈ペニア〉という語ではなく、乞食を指す〈プトーコス〉が使われている。ルカ16：19以下に出て来る「ラザロ」も、この〈プトーコス〉である。乞食と言えば、全くの無財産者、所有の無い者である。

たとえばソクラテスは、この意味での「貧乏人」（ペニア）だった。彼はクセノポンの『思い出』に書かれているようすからすると、毎日無料で人々の人生相談に乗っていた。相談を持ち掛けられたソクラテスは、持ちかけられた内容によって、自分の人生経験にもとづいて、また、きわめて厳格にことばを吟味する作業を通して、相手に最善の道を示すことを日課としていた。相談に乗ってもらい、苦境を逃れることのできた人は、感謝してたくさんのものをお礼にソクラテスのところへ持ってきたと言う。ただし彼は市内に住む家を持っていた。それゆえ、彼はひどい貧乏な生活を送っていたが、まったくの無財産者（乞食）ではない。

とはいえ、彼自身はもらうものによってではなく、他者をも幸福にできる自分の心がもつ相談力によって、たしかに「幸福」であったし、なおかつ、他者を「幸福」にしたと言っている（プラトン『ソクラテスの弁明』36d）。

では、心が幸福な状態にあるとは、どういう状態だろうか。これまでのイエスの言い方でいえば、「神のもの」である自分の生死を、自分の意のままにしようとする状態をやめて、それを神にまかせている心の状態である。イエスはそれを以下に引用するように、「野の鳥」や「野の花」で語っている。

空の鳥を見なさい。種をまくことも刈り入れることもせず、また蔵に収めることもしない。それなのに天の父はこれを養ってくださる。……あなたがたのうち、だれが思い煩ったからといって寿命を一刻でも延ばすことができるだろうか。……まず天の国と、その義を行う生活を求めなさい。……明日のことは、明日思い煩えばいい。（マタイ6：26-27、33、34）

他方、ソクラテスは、「戦場においてと同様に、長上の命令に従って生きる」と言って、神の思いのままに、生きるだけであると述べている（『ソクラテスの弁明』29）。これは生きるか死ぬかについては自分が心配し、配慮することではないと納得し、すっかりあきらめて、むしろあきらめることによって、安心して生きている状態である。

では、積極的にはほかに何も考えず、何もしないでいることが、幸福なことだろうか。イエスは、何もしないことが幸福だとは言っていない。天の国に生きることは、「正しく生きる」ことだから、正しいことをすることを考え、正しいことを実行する生活が、心が幸福な生活であると見ている。たとえば正しくないことをしてアダムとエバは天の国を追放された。一方で、天の国の生活はそれ以前に彼らにあった生活である。野の鳥がそうであるように、生きて行けるかどうかは心配しない生活である。他方、心のはたらきの第一は、「正しいか、正しくないか」を判断することである。したがって心は正しいことを考え、ただひたすら「正しいこと」（義であること）だけを実行する生活を求めなさいと、イエスは言っているのだ。

空の鳥は、金銭をもっていない。すなわち、端的に「貧しい」。そして「明日のことを考えて」、種まきや刈り入れの仕事、蔵にしまい込む仕事をして「いない」。すなわち、分業体制で農民に区分けされた仕事をしていない。それでも神は彼らを養い、活かしている。

同じところで、「天の国の住人ではないものたち（異邦人）は、何を食べ、何を飲もうか、何を着ようかと思い煩い、それを切に求めている」と言われている（マタイ6：31-32）。分業体制の社会の中で生きるわたしたちは、食べもの、飲みもの、着るもののことを思い煩い、それらを求める。

それらを得るために、社会の一角ではたらくことをしいられている。イエスは、その生活はわたしたちが天の国の住人ではない、つまり神を信ずる民ではない証拠だと言っている。

　わたしたちが生きるのは、わたしたちが神から与えられた「いのち」を分け持っているからである。しかし、その「いのち」は、神がわたしたちに貸し与えているものであり、いぜんとして「神のもの」である。決して「わたしがもらったものだから、もうすでに、わたしのものだ」と考えてはならない。

　わたしたちが現に生きている分業体制の社会では、他者からもらったものは、すでに「自分のもの」だと、考える。そう考えるのがこの社会で生きる前提である。分業体制は、必要に応じ、金銭取引を通じて「所有権を移す」ことができると、定めた体制だからである。その中に居ると、「金銭を払って受け取ったもの」が「自分のものではない」というのは、理解できないことがらである。

　しかし「皇帝のものは皇帝に、神のものは神に」と述べたイエスは、それは間違いだと言う。本来、自然のものは何であれ、所有権はだれにもない。自然のすべては神の造ったものだから、所有権があるとすれば、それは神一人でなければならない。他方、金銭は皇帝のものである。なぜなら、たとえ金銭の素材は自然のものであっても、金銭は人間の分業社会（文明生活）にのみ役立つ（価値をもつ）ものであり、そのために人間が作ったものだからである。

　しかし、人間の「いのち」も、ほかの生き物の「いのち」と同じく、金銭と交換で神から受け取ったものではない。わたしたちは、代金の支払いなしに「いのち」を受け取り、それによって「生きて」いる。したがって、それは「自分のもの」ではない。わたしたちは、あえて言えば、もらった「いのち」を利用しているだけである。

金銭は、皇帝（頭首）からもらって市場活動に利用している。自分のものではない。そのため日本の紙幣には日本銀行の銘が入り、銅貨やニッケル貨には日本国の銘が刻まれている。

したがって、金銭が不正に利用されれば皇帝に対して「犯罪」であるように、「いのち」は、不正（悪いこと）に利用されれば神に対して「罪」である。

イエスは、「いのち」を正しく利用することを教えている。反対に、どういうことが、「いのち」の不正利用に当たるかを、教えている。

ところで、心の内で、イエスに言われた通り自分は「すでに皇帝のものである金銭を皇帝に返してしまった」と考えるのであれば、すでに「自分は金銭をもっていない」と考えるのでなければならない。さらにそのように考えるのであれば、金銭による所有物の交換、所有権の移転は、もはや自分にはできないと考えるのでなければならない。

また、かつて金銭を支払って買い取り、表向き「もらったもの」であっても、少なくとも「いのち」を媒介にしたものは、あるいは、「いのち」の産物であるものは、「自分のもの」ではないと考えなければならない。すべては、いわば対価を支払わずに頂いたプレゼントのようなものであって、感謝して、いつかどれについても、恩返ししなければならない。

ところで「神のもの」とは、第一に「いのち」である。それゆえ、まずは「いのち」に関して、神から、あるいは親から「もらったのだから自分のものだ」と、決して考えてはならない。じっさい、自分のいのちに関しては、自分の生活が分業体制のうちにあっても、人はだれにも対価を支払っていない。なぜなら「いのち」は神から受け取ったものだからである。神に対しては、金銭の支払いは、本来、どうやってもできない。対価の支払いようがない。これは食料とする生き物についても同じである。わたしたちは、食材の購入時に「いのち」の対価を支払っているのではない。食材生産に関わった人たちが行なった諸々のサービスに対して対価を支払っているだけである。それゆえ、食べ物に関しても神から受け取った「いのち」は、「自分のものだ」と考えるのは間違っている。

したがって、「食べる」という、あるいは商品として扱うとしても、その利用は神からのプレントであると、考えなければならない。当然、「お返し」が必要になる。そしてイエスによれば、神への「正しいお返し」は、「命の正しい利用であり、神への感謝である」。ところで神への恩返しは、「正しい生き方」によってのみ可能である。なぜなら、正しいこと、善いことでなければ、善なる神は喜ばないからである。

そして先に揚げた引用文からも分かるように、このことは空を飛ぶ鳥たちと一緒だと、イエスは言う。別の箇所（マタイ6：28）を見れば、「野の花」も同じである。「野の花がどのように育つかをよく見なさい。骨折ることも、紡ぐこともしない」と言っている。したがって、イエスによれば、わたしたちの「いのち」は、周囲に見られる動物や植物の「いのち」と同じく、初めから最後まで、まったく「神のもの」なのである。神にまかせておけば、育ち、生きていくものなのである。その証拠に、「自分のもの」だと思っても、自由に、思い通りに、寿命を延ばすことはだれにもできない。

言うまでもなく、分業体制の人々の間には、病気を治す医者も、病人の看護者も、生きることを楽しませてくれる歌手や噺家も居る。分業体制内の生活は、もらったいのちを「自分の所有」と見て、自分のものとして思い煩い、あるいは、ときに楽しみを与えてくれるエンターテナーを得て、快楽のままに生きることができる。少なくとも、分業体制の社会に生きるならば、それを期待できる。元気でいる限り、そう考えて、その気でいられる生活である。自分のいのちは、金銭の力で自分の思いのままになっている気分でいられる生活である。しかし、イエスによれば、それは現実ではない。少なくとも、それが現実ではないことは、寿命を思いのままにできないことで明らかだと、先に引用した文で言っている。

34……分業体制の日々が見失うもの

イエスには、分業体制の中にあって、そのことに疑問を持たずに居る人たちが、本当のところ、どういう状態にあるのかが見えている。決して、本当の意味で「幸福」ではない。とりあえず「このいのち」が自分のところに在るから自分は現に生きている、だからそれは自分のものだと、疑問なしに生きている。感謝なしに生きている。このような人は、天の国を知らない、幸せに生きることを知らない、天の国とは異なる国に生きている人だと、イエスは言う。言うまでもなく、そういう人も、神から「いのち」を受け取っているのだから、生きてはいる。ただ、「幸福な状態」で、生きているとは言えない。

すでに述べたように、天の国に生きる人が、イエスによれば幸福な人である。したがってイエスによれば、効率を追求する分業体制の内側で現に生きている人は、金銭で生きているだけである。本当は、「生きている」ことは、「いのちを受け取っている」ことであると認識し、そのことに感謝して、現に自分が「生きている」ことだけで、その恩返しを考えなければならないと思って「生きる」ことが、「幸福に生きる」ことである。反対に、そのような生き方ができない人は、金銭で生きている人であり、「不幸な人」である。

じっさい、分業体制は市場における交換経済によって成り立っている。そしてそれは、突き詰めれば、神のものを皇帝のものと交換して、そこから利益を生ずる人間社会の集団的不正行為だと言える。ことに食べ物は、自然の中の「いのち」である。まさに「神のもの」である。それを市場にもたらして「皇帝のもの」＝「金銭」に換える者は、神のものを奪い、勝手に金銭に換える人間である。市場で「金銭」（皇帝のもの）を代替物として「神のもの」を交換して「自分のもの」とする消費者は、神の視点からすれば、皇帝に従って盗品市場を利用する盗人集団の一味だと言える。まさに「罪深い世界」である。

神の国とは、神のものに満ちた世界である。その世界からものを盗み出して皇帝の国にもたらし、皇帝のものとしている人間が、市場経済で利益を得て肥え太る生活をしている人である。それゆえ、神から見れば、そのすべてが罪である。「創世記」には、取って食べてはならないと言われた知恵の木の実を「取って食べた」アダムとエバの行為が、神の命令に違反した行為として描かれている。それをなぞるように、文明社会の人間は、今度は「いのち」の木の実を奪い取って、「金銭に換えて私腹を肥やす」日々を送っていると言える。神の命令に反する罪深い生活を送ることで、人間は歴史の当初から天の国から追放された状態にあり、さらに加えて地上の「いのち」の世界を簒奪している。これでは神に見放されて不幸な生活を送るほかない。

一方で、分業体制の中で自分の仕事と言えるものを見つけた人は、その仕事に生きがいを見つけたと、周囲の人々に目を輝かせて言う。毎日、生きがいのある仕事に打ち込み、欲しいものが手に入るだけの金銭収入があると、満足する。それが幸福な生活というものだろうと、わたしたちの周りの多くの人は考えている。

しかし、分業体制の中で、そのような仕事を見つけ、従事できる人は、あくまでも一部である。全員ではない。しかも、生きがいとなる仕事を見つけ従事することができた人であっても、一生、そのまま過ごせるとは限らない。いつどんな災いが生じるかわからない。生きがいのある仕事を中途であきらめなければならない羽目に陥ることは、十分にありえる。その不安は払拭できない。そしてそのときは、そこまでは考えていなかったと、やはり悔やむ人生が露わになる。人はいつか老いて、あるいは病を得て、死ぬものである。そのような悔いは、必ずやってくる。

それに対して、イエスが言う分業体制と無関係な「幸福」は何が起きても壊されることのない幸福である。死によっても、壊されない。なぜなら、自分の生死を神に預けているとき、心は身体の生死を超越したところにあるからである。

わたしたちの人生が充実するためには、心の充実が不可欠である。むしろ身体的欲求よりも、心の必要を満たすことのほうが、人生の充実のためには優先度が高い。なぜなら、人生の充実感を受け取るのは身体ではなく、心だからである。胃の充足感は、身体を通して受け取られる。それは胃だけの充足感である。しかし心が働いて、はじめて心が、「自分が生きている」と実感する。心の満足感抜きには心の人生は充実しない。他者から、「あなたの人生はとても充実していた」と言われても、自分に充実感がなければ、他人の評価は心に響かない。反対に、むしろ人生の充実感には、自分の心の充実感だけで十分である。他人の評価は不要である。

ところで、心は自分自身とそれ以外の世界を認識している。それが心の基本的はたらきである。そのはたらきを前提にして、心はつぎに、「ではどのように行為するか」と考え、判断する。そしてつぎに意図をもった実際行動が生まれ、その行動の結果、周囲に起きた事実を、心は認識する。この一連の心のはたらきが、日常、不断に行われている。意識的ではないこともある。もともとわたしたちの意識は、現実の身体や心のはたらきに一歩遅れる。意識されるものは、一歩遅れて心が反省するなかで心に現れてくるものである。ほとんど無意識に、わたしたちは知ったことから推論し、判断して、行動にまで移している。

さて、分業体制の日常においては一個の人間の生活に必要な作業を、一個の人間がすべて行うのではなく、みなで分担している。したがって、この社会のなかでの日常において人が認識するものは、自分が生きて行くために必要な認識のすべてではなく、一部に過ぎない。なぜなら、一個の人間は、多数の人間がつくる社会のうちの一部に過ぎないからである。人は、社会の一部の生産現場しか知るすべがない。言い換えると、わたしたちは自分が生きる上で必要な多くの部分の認識が欠けた状態で、それについて無意識に過ごしている。

この状態は、自分は生活できているにもかかわらず、自分が何をもって生活できているか、よくわからないまま生きている、という状態である。この状態で人間が心の内に「生きている充実感」をもつことは、ごまかしなしには不可能である。まさにそのために、この世には、酩酊を約束する酒があり、歌や踊りを見せる歌手やダンサーが居る。拍手喝采して楽しませてくれるスポーツ選手が居る。そうした業種が存在するのは、自分の人生の空隙をひと時忘れて、生きる感覚の欠落をわたしたちが自らごまかすためである。ローマ帝国が市民に提供した「パンとサーカス」である。「パン」は胃を満たすものであり、「サーカス」は心の不満をいっとき忘れるために提供された見世物である。現代も同じ生活が市民に提供されている。

人間は動物の一種である。野生の動物は、自分が食べるものを、それが生きている状態で自身の目前に認識し、食べている。日々、多様な「いのち」と向き合っている。その中で自分が食べる生き物が、なぜ、今、目前にあるかも、認識している。自分がもつ感覚でにおいをかぎ分け、食べている。彼らは、自分が何を食べて生きているか、具体的に自分の感覚で認識して生きている。それが彼らの生活である。一般に彼らは、水と食べものがあれば、生活に必要なすべてをそろえたことになる。金銭でものを交換する市場を通さずに、直で「いのち」を得ている。したがって、それだけで、彼らは生活に必要なすべてを、十全に認識して、生きている。

野生の動物は、人間のように分業体制の社会のなかに生きていない。必要なことをみな自分でしているので、自分のしたことを他者がしたことと交換する必要はない。そのため、彼らの生活には、金銭の必要はない。金銭のために起こる貧富の差が、彼らの間にはない。その意味で、野生の動物は、みな、貧しいものであり、自分の生死を神のものとして生きている。すなわち、彼らはイエスによれば、天の国に生きているものたちである。

　以上のことから、イエスが言う「貧しくて幸福なもの」とは、どういう人であるか、いくらか見えて来ただろう。金銭が無くて、食べものは自然界のいのちの世界で直接に得て、そのいのちに感謝して生きているものである。持っている金銭が少ないために、市場で欲しいものとの交換が出来ずに困っている人ではない。

35……付け加えて

　これまでの説明を読んでも、もしも分かったような、分からないような、と読者が思うのであれば、その理由は、すでに述べたように、これが「分かる」ためには、ヨハネやイエスによれば、「悔い改め」が必要だからである。悔い改めが無い人、不足している人は、神が与えた正しい生き方を捨てたことが原因で繰り返している自分の罪（神から見た悪、不正）に気付くことができない。その気付きが不足している。イエスの言うことが分からないのは、自分の心の罪に気付くことが出来る能力を、心が失っていることが原因である。

　そのため、本人が気付かぬうちに人は罪を重ねている。そういう人は、神の居る国に居る人ではない。天の国の人から見れば、相変わらずその人は「異邦人」である。

　じっさい、違う国、違う文化に住む人を理解することは、むずかしいものである。たとえばいまだに熱帯の原生林の中だけで暮らしている人たちが居る。わたしたちにはその暮らしが想像できるだろうか。大規模で複雑な分業体制を敷いている文明生活の中で幼い頃から育った人間に、その生活ができるだろうか。その生活に生きる意味を見出すことができるだろうか。分業体制の内に生を得ている人間にとって、分業体制にない天の国の人が見ている世界は、まったくの異邦人の世界である。そのために、イエスの言っていることは、わたしたちの生活のなかでは、どうしても理解できないのである。

しかし、繰り返すが、理解するためには、十分に考えて自分の生活の内にある罪を見極め、悔い、自分の心を、心底から改める必要がある。しかし、それは一瞬で終わるものではない。イエスが四十日と四十夜の修練が必要だったと言われているごとく、長い時間をかけて作られた罪深い心を罪のない心に変えるためには、同じだけ長い時間がかかる。そして悔い改め自体は、残念ながら、ことばがもつ力の限界を超えていて、うまく説明できない。

だから、何かのきっかけで「あなたに」奇跡が起きて、「悔い改めが分かる」ことが起きるまで、イエスが説明している天の国の住人がどういう人か、という説明は、今は聞き置くだけで、わからなくても我慢してもらうしかない。とにかく、ここでは悔い改めの結果として生じる心の世界を、イエスのことばを参考にして説明していくことしか、事実上、できない。そしてそれが、イエスが弟子に行った説明を、わたしが哲学の道で説明しようとしていることがもつ矛盾である。

その説明をできるだけ有効なものにしておきたい。そのために、少し前に、特別に「いのち」と平仮名で表現したことがらについて、追加の説明をしておきたい。この「いのち」は、すべての生物にある。決して人間だけにあるものではない。「いのち」は、人間だれしも持っていて、認識対象としては自分の心の奥底にあるものである。

人間ばかりか、生き物すべてが生きている。それゆえ「いのち」は人間だけのものではない。したがって、「いのち」は、人間だけがもっている「自己の意識」とは別物である。ほかの動物には、いわゆる「自己意識」はない（と思われる）。ただ、何かに「気付く」ことは、動物にも起こる。しかしそれは「意識」と言えるような、一定程度存続する心の状態ではない。「気付く」ことは、今、現在にのみある一瞬のことだからである。

「自己意識」は、むしろ分業体制の中に住む人間が、その生活のなかで自分を肯定するために無意識のうちに自分の内に作っている「自己の姿」（幻）に過ぎない。そしてそれが何よりも自分のなかにある「いのち」を歪めている。周囲に起こる、あるいは、自分の身体の内に起こる、さまざまな事実に気付く力が、むしろ「いのち」が本来もつ力である。わたしたちの意識は、この「いのち」がもつ本当の力に蓋をして、その息を止めてしまっている。

その証拠に、自己意識を強く持つ人は、多くの場合、自分は「人間だ」、「動物じゃない」、「彼らよりは疑いようもなく、自分はすぐれている」と、繰り返し考えている。そして動物を「自分が、かわいがっている」と思い、あるいは、「自分が、養っている」と思い、動物の「いのち」に敬意をもって接することができない。

しかしすでに述べたように、その「いのち」は、神がすべての生物を「生きている」ものとするときに与えているものであり、どれも同じものである。人間の「いのち」も、動物の「いのち」も、植物の「いのち」も、細菌の「いのち」も、まったく同じものである。違って見えるのは、その「いのち」が駆動している形態とその機能に過ぎない。それらがどんなに違い、互いにぶつかり合うものであろうと、それを動かしている根源としての「いのち」は同じものである。それが同じものだからこそ、地球という一つの惑星のうえで、多種多様な生き物が実際に一緒に生きている（共生して生態系をつくっている）。そしてその生態系の中から、「いのち」が様々な形態の「いのち」に気付くことで、進化が起こり、新たな種が生長し、新たな生態系が生まれてきた。

この点から見れば、地球上の自然生態系を破壊している元凶は、人間がもつ「自己意識」だと言える。それが自然生態系を維持するために神が与えた「いのち」の力の息を、罪深いことに、止めていると考えることができる。

哲学用語を使うなら、この「いのち」こそ、生物の基にある「真実在」、「実体」、ギリシア語で言えば「ウーシア」である。わたしたちの認識対象としては、心の奥底にある、心のウーシアである。ただし、それは心が主体的に動き出す「主体そのもの」だから、自分の認識の「対象」とすることはできない。対象にできないために、それについては「ことば」（文）による説明が作れない。それゆえ特定の意識としてもつことはできない。それは、「それが在ることに気付くことができる」だけである。それが説明できないことは、つねに明らかである。じっさい、わたしたちは、或るものが「生きている」ことには「気付く」ことができても、「生きている」ことそれ自体を「説明する」ことはできない。

言うまでもなく、この「いのち」に気付くこと、それに配慮することが、もっとも大事である。

あるいは、わたしたちがもつ認識のうちでは、「知っている」ことよりも、「気付いている」ことのほうが大事である。ソクラテスの「無知の自覚」も、「気付き」であって、「知識」ではない。釈尊の「悟り」も、知識ではなく気付きである。「気付く」ことのほうが、「いのち」そのものと親和性がある。ほかの動物たちは、「知識」は全くもっていないが、周囲のあらゆることに「気付くこと」は、つねに行っている。彼らはつねに、何かに「気付いて」生きている。そしてそれが天の国に住むものの生き方である。「気付く」ことは神に与えられた「いのち」の純なはたらきだと言える。したがって、「いのち」で「生きる」とは、「知識」で「生きる」ことではなく、「気付く」（配慮する）ことで「生きる」ことである。

レイチェル・カーソンもまた『センス・オブ・ワンダー』（一九九六年）で、自然の中で日々生じているいのちの気配を彼女の鋭い感性で描きながら、「知ることは感じることの半分も重要ではないと固く信じています」（上遠恵子訳、新潮文庫、二〇二一年）と言っている。ここで感じると訳されている「センス」とは、わたしの言う「気付き」であり、「配慮」であり、「直観」である。

じっさい、「知識」は、分業体制のうちに暮らす人間が誇っている認識に過ぎない。「知識」によって人間は、一人ひとりが別々の分野の専門家となり、集団の力で効率的に「世界の支配者」になれることを確信して、それを人類の誇りとしている。しかしそれは分業体制によって歪められた人間の浅はかな認識に過ぎない。本当は各自が世界の「部分」のみ知るのではなく、「いのち」に気付いて生命世界の「全体」と親和して生きることが、人間にとっても、正しい生き方、真の生き方なのである。イエスが勧めている「天の国に生きる人」とは、それができる人のことである。

36……地の塩、世の光

「山上の垂訓」の最初の一句「貧しいものは幸いである。天の国はその人のものだ」は、以上で説明を終えた。残りのものは素通りする。残りのものとは、「悲しむものは幸いである。その人は慰められるだろう」。「柔和なものは幸いである。その人は地を受け継ぐであろう」。「義に飢えかわくものは幸いである。その人は満たされるだろう」。「憐み深いものは幸いである。その人はあわれみを受けるだろう」。「心の清いものはさいわいである。その人は神を見るだろう」。「平和をもたらすものは幸いである。その人は神の子と呼ばれるだろう」。「義のために迫害される人は幸いである。天の国はその人のものだ」。以上の七つである。

わたしが素通りする理由は、この残り七つのものは、旧約聖書にすでにある文句や、使徒の手紙に元がある内容がほとんどだからである。すなわち、第二句はイザヤ61：2-3、第三句は詩篇37：11、第五句は詩篇18：33、第六句は詩篇24：3-4、第七句は詩篇34：15、または、ヘブライ人への手紙12：14、第八句はペトロの第一の手紙3：14からであろう。最初の一句だけは、明らかにイエス独自の教えである。後のものは、イエス亡きあと、別の人が、旧約聖書の中にある預言のいくつかを、あるいはパウロが後に語ったことを、「こういう人は将来こうなるだろう」という文の形に整えて「預言者イエスの預言、あるいは、神の子イエスの預言」に見えるように、先の一句に付け加えたと、推測することができる。つまり実際にはイエスが語ったことばではなく、別人が残りの七つを、預言のかたちに作って並べたものと思われる。じっさい「山上の垂訓」の八つの条句の並びを見ると、いかにも旧約聖書のイザヤ書のような重々しい預言群に見える。

しかも「こういう人はこうなるだろう」と、ギリシア語で書かれた残り七つの条句のうち六つは、動詞が未来形になっている。しかしイエスが人々に対して使ったアラム語は、未来形をもたない。したがって付け加えた人はギリシア語には堪能でも、ヘブライ語やアラム語についてはあまり堪能ではなかった人ではないか、あるいは、こちらのほうがありえるが、「預言」のもつ「未来を予言する」性格をギリシア語の未来形で強調しようとしたと考えられる。福音書が書かれた当時のキリスト教はギリシア語が話されていた地域に熱心な伝道を広げていたからである。

とはいえ、例外が一つある。山上の垂訓の中の「正義を切望し、渇望するものは、幸いである、その人は満足することになる」という第四句は、ギリシア語の未来形で書かれているが、福音書とは別の聖書のうちに、内容のよく似た出どころが見つからない。とはいえ、イエスのことば「天の国とその正しさ（その義）を行う生活を求めなさい」（マタイ6：33）と、この句の意味は、ほぼ重なっている。なぜなら「正しさを行う生活を求める」ことは、「正義を切望する生活」にほかならないからである。とはいえ、マタイによる福音書（6：33）の当該個所はすでに説明を終えている。説明を繰り返す必要はないだろう。

なおルカによる福音書の類似箇所（ルカ6：20-25）の第二句以下は、「今飢えている人は満たされる」、「今泣いている人は笑うようになる」、「富んでいる人はもう慰められている」、「今満腹している人は飢えるようになる」、「今笑っている人は悲しみ泣くようになる」と、日常的な幸、不幸を取り上げ、今不幸な人は幸福になり、今幸運な人は不幸になると、逆になることを予言するものばかりで、とても中味があるとは思われない。なお、ここでも第四句「富んでいる人はすでに慰められている」はほかと違うが、富んでいるものはすでに恵まれているのだからより以上を望んでもプラスはないというだけのことである。

それゆえ、上記したように、「山上の垂訓」は、最初の一句だけを大切に説明したならそれで十分である。マタイによる福音書の記述の順にしたがって、つぎに、「地の塩、世の光」についてみよう。

「塩」と言えば、日本では「清める」はたらきをするものと見られている。イエスが活動していた当時も同じような理解があったか判然としないが、もしもあったのなら、弟子に向かって「あなたがたは地の塩である」(マタイ5:13)と、イエスが言った意味には特別の意味はないと言える。なぜなら宗教というものは一般に、周囲の現在地が罪その他の悪によって「汚れている」から、それが原因で何か悪いことが起きていると見なして、その場を「清める」はたらきをするものだからである。そのための儀式的ふるまいとしては日本にも様々あり、塩をまく、塩を置く、ということは、よく見られることである。たとえば酒を飲ませる店の開店の時、店の前に塩を盛る、あるいは、相撲の土俵内に力士が塩をまく、などである。

この理解で間違いないなら、マタイによる福音書のことば「地の塩であれ」は、イエスが弟子に対して、「他者を清める」責任が自分に在ることを、「自覚するように」と言っていたことばだと、解釈できる。決して自分が清められること(自分の幸福)を願うことばではない。

ただし近隣に「死海」という塩分たっぷりの湖がある地で、「塩」について日本と同じような理解があったかどうかは、定かではない。また肉食の文化では、塩は「食べ物をおいしくする」重要な味付けである。つけ過ぎれば食べられなくなるが、なければおいしくない。イエスの教えを聞きやすくする味付けの意味で「塩」をたとえに使ったのかもしれない。さらに旧約聖書「申命記」(29：22)では、塩は、人を殺し、町を焼き尽くすイオウと並べて語られている。つまり味付けによっては人を生かさず、むしろ殺してしまうものとして、塩のたとえがあるのかもしれない。

また続いて「あなたがたは世の光である」(マタイ5：14)と言われている。ところで、一般的に宗教家が言うように「世」は「暗い」状態にあると考えるなら、「世」は「夜」である。わたしたちが生きている世界が「夜」とイメージされているなら、ここで言われている「光」は、夜の暗がりを照らす「灯火」である。じっさい、ルカによる福音書(8：16)では、「光」ではなく「灯火」になっている。

ところで日本では、仏の教えは夜の闇に浮かぶ月に譬えられる。

いにしへの鹿鳴く野辺の庵にも心の月は曇らざりけり　(慈円)

闇晴れて心の空に澄む月は西の山辺や近くなるらん　(西行法師)

ヨーロッパでは、神の教えは昼間に輝く太陽(アポロ神)の光に譬えられる。太陽の光は闇夜を完全に打ち破る。日の出とともに夜は消える。したがって闇の中で一部(目の前)を照らす「灯火」

との類似性は、むしろ月の光にあって、太陽の光にはない。

したがってマタイによる福音書のことばは、イエスが弟子に対して、「闇の中の灯火のように世間のうちで行動しなさい」と言っていたと解釈できるが、もしもこの解釈でよいのなら、この伝道精神は仏教と同じである。キリスト教に特有の教えとは思えない。仏に帰依して仏教徒となった者は、やはり自分がいわば「世の光」であることを自覚するために、五つの戒を遵守する約束（授戒）をする。「殺すな」、「盗むな」、「妄語するな」、「邪淫するな」、「酒を飲むな」である。

宗教の伝道者は、宗教のもつ「良さ」を実際に世間に体現して見せる者でなければならない。したがって「世の光」でなければならないという自覚は、どの宗教においても同じだと言える。それゆえ上記のことばでイエスが弟子に伝道を行う者としての自覚を求めたとすれば、とくに疑問をもつことはない。

したがってまた、「地の塩、世の光でありなさい」ということばは、仏教を含めほかの宗教伝道に関しても一般的に言われることであって、とくにヨハネとイエスの教えの特徴ではないと思われる。すなわち、イエス独自の教えを示すものではなく福音書記述者が当時一般的に耳にすることができた伝道に際しての箴言を福音書に付け加えただけかもしれない。

37……「律法」と法律

イエスはマタイによる福音書で言っている。

あなたがたは、わたしが律法や預言者の教えを廃止するために来たと思ってはならない。廃止するためではなく、成就するために来たのである。（マタイ5：17）

ところで、律法の基本は、言うまでもなく「十戒」である。以下、列挙する。

(1) わたし以外を神としてはならない。
(2) 刻んだ像を造ってはならない。
(3) 主の名をみだりに唱えてはならない。
(4) 安息日を聖なる日としなさい。
(5) あなたの父と母を敬いなさい。
(6) あなたは殺してはならない。
(7) あなたは姦淫してはならない。
(8) あなたは盗んではならない。
(9) あなたは偽証してはならない。
(10) あなたは隣人の妻、しもべ、はしため、ロバ、またすべて隣人のものを、むさぼってはならない。（出エジプト記20：2-17）

この戒は「イスラエルの神との契約」の中で、信者側が守らなければならない条件として提示されている。信者がこの条件を守れば、神は信者に、そしてその後の世代にも永く恵みを施す、という契約である。

「戒」自体には、人間による刑罰はない。とはいえ、イスラエルの神によって守られるイスラエルの民は、その「戒」を自分たちの実際生活においてできるかぎり守ることができるように、エジプトやペルシア帝国などの周辺諸国にならって「律」を定め、民衆に示した。それが申命記の主題だと思われる。(8)

しかし十戒の内、律法の他の条項の中で刑罰がはっきりと規定されているのは、第五戒以下のものので、(9)第一戒から第四戒までは宗教的な規律なので、偶像崇拝など、ときに死刑など厳しい刑罰の対象となるが、かならずしも一定の刑罰が決められてはいない。

また第六戒の「殺してはならない」については、刑罰の規定があるのは人間に関してだけである。それも殺意があったかどうかなど、細かな条件が配慮される。殺害ではなく傷害については、レビ記24：19に、「人に傷害を加えた者は、それと同一の傷害を受けねばならない。骨折には骨折を、目には目を、歯には歯を」。また第七戒については、レビ記20：10に、「隣人の妻と姦淫する者は、男も女も共に必ず死刑に処せられる」。奴隷や動物については、他人の財産であった場合に、それ相応の償いが求められるのみである。第九戒の「偽証してはならない」は、裁判の公正を守るために、訴えがあったときの刑罰を偽証したものに課す（申命記18：19）。同様に、「わいろを受け取るな」という政治に関しての規律を求める規定も、申命記やレビ記にはあるが、これに対する刑罰は決められていない。

　したがって一般的にユダヤの戒律については、つぎのように言える。ユダヤ民族は或る時代から独立した国家としての存続ができない状態にあった。そこで祭司たちは宗教によって民族の維持を試みた。そのため、近代の国家なら国家が定める法律と宗教組織が定める規律が別建てになるが、ユダヤ教では古代の国家において一般的であるように、「律法」ないし「戒律」の名で、「戒」と「律」が一つに結びついていた。

　ユダヤがもつ律法の内で国家の法律の性質をもつものは、おそらく、多くが、エジプトやアッシリア、新バビロニア、ペルシアなどの古代帝国から、王国時代から捕囚時代にかけて学び取ったものだと思われる。ちょうど日本が古代に中国から「律」（律令）を学んで国の形を整えたように、そして日本でも古代において「十七条の憲法」という刑罰を伴わない倫理規範が発布されたように、弱小国であったユダヤでも同じく、「律法」のうちに多くの倫理規範が盛り込まれた。

　したがってイエスの教えは、現代では罰則をもつ国家の法律規定と見られがちな「戒」を、あくまでも純粋な宗教規律として受け取るように求めているだけだとも言える。

　したがって当時のユダヤの状況がはたして特殊かと言えば、かならずしもそうではない。先ほど触れたように、日本でも大和朝廷の時代には両者が一つになって居た。そしてそれは「王」の立場の人間が同時に祭儀を司る祭司の役目を負っていた時代だったからである。よく知られていることであるが、古代においては「神と王」は、同一視することが一般的だった。

　じっさいヘブライ語の「メシア」は、ギリシア語の「キリスト」であり、それは一般に「預言者」、「祭司」、「王」を意味した。呼び名は違っていても、どれも社会の最高権限者を指すことばである。国王は、神の言葉を伝える預言者や、教会の頭としての祭司と同じく、かつては神の代理だったのである。このような背景があれば、聖書にある宗教上の戒律と、本来は国家政治における法律が同じものに見えても無理はない。

「ユダヤ人」であるためには「ユダヤ教徒」でなければならず、ユダヤ教徒ならば「ユダヤの神との約束（契約）」を守らなければならない。そしてその約束の基本は「十戒」であり、この約束を守れば、神は偉大な王と同じく、ユダヤ人を守ってくれる。そのように期待された。反対に守らなければユダヤ人は神の加護を失うどころか、神の恨みを買い、長く生命を保つことはできないと言われた。だから、他国の勢力によって国が滅ぼされることを逃れるためには神との契約をみなが忠実に守らなければならない。守ろうとしない人は周りから白い目で見られただろう。あるいは非難を口にされただろう。ユダヤの国が、かつて新バビロニア帝国に滅ぼされるようなことが起きたのは、まさに神との契約をみなが守らなかったことが原因だったのだと、考えられたのである。

イエスの時代、異教徒ローマの支配があっても、祭司たちサドカイ派は自分たちの生活がむかしながらに維持できればよかったために、律法をゆるく解釈していた。しかしパリサイ派と律法学者は、律法を厳しくとらえ、信者の実際行動に目を光らせた。要するに、心において律法を守ることを求めたイエスは、実際行動において律法を守ることで国を守ることが出来ると信じた人たち（律法学者）の国に、敵対視されて臨んでいたのである。

なお、読者は、ユダヤ人と言ったり、イスラエル人と言ったり、イスラエルとユダヤの名の違いは何かと思われるかもしれない。実は、かつて同じ民族が「北イスラエル王国」と「南ユダ王国」に分かれていたときがあった。分かれる前のこと、王はダビデからソロモンに引き継がれ、ソロモン王の時代にイスラエルは栄華を誇った。ソロモン王は広がった領土の保全のために諸部族の王の娘と婚姻関係を結び、国民には重税を課して国民の力を弱め、神殿や王宮を豪華なものにして、さらに軍備を整えた（列王記上11：2）。しかし王は各部族において異なる宗教文化を壊すことはできなかった。じっさい特定の神に向けて生贄を捧げ、王や祭司を特定の血脈に限ることで各宗教は、目に見えるかたちで各々の権威を保っている。この類いの宗教は、異なる宗教文化を持つ多様な民族をその相違を乗り越えてまとめることはできない（それに対して、洗礼者ヨハネとイエスの教えは、根源の「いのち」に目を向ける「人の心」を醸成する教えであったことによって、世界宗教の道をたどることができたと言える）。

もともとイスラエルの北と南の間にも、若干の生活文化の違いはあったと思われる。ソロモン王が亡くなったことでタガがはずれ、諸部族の反乱が起こった。ダビデ王朝のユダ王国は南の地域のみを領土とすることになった。しかしその後、北イスラエル王国はアッシリアに滅ぼされた（紀元前八世紀）。その時、北イスラエル王国の人々が大挙して南のユダ王国に逃げた。こうして分かれていたイスラエルとユダヤの人々は、ユダ王国に吸収合併され、再び一つの国民になった。

「十戒」は、この民族再統一の時期に、あらためて信仰においても両者が確実に一つになるために、当時の祭司たちによって作られたのではないかと、わたしは推測している。たしかに、再統一のときよりずっと以前にあったユダヤ人のエジプト脱出の出来事の中で、シナイ山上でモーセが神から十戒を受け取ったと、出エジプト記に書かれている。ところが、歴史記録好きのエジプト側の碑文に大規模な奴隷脱出の記事が見つかっていない。したがってユダヤ民族の「エジプト脱出」は、後世の作り話の可能性がある。さらに最近では出エジプト記の全体がかなり新しく作られたものではないかと、見られている。モーセは単なる伝説上の人物かもしれない。

十戒自体は、申命記にも記されている。とはいえ、十戒がイスラエル王国とユダ王国の人々の「信仰の再統一のための十戒」であったとすれば、最初の三つの戒の意味が、一挙に了解できるものとなる。じっさい、最初の戒は、信ずる神を一つに限定することで各自が神に対して二心をもつことを禁じている。そしてそれに追加して、第二、第三の戒は、「唯一の神」とはいえ、どの神（神の固有名、神の像）をその唯一の神と考えて自分が崇拝しているか、各自が秘密にしておくことを、とりもなおさず神が命じている。つまり神自身が神の名を口にするなと、あるいは、神の姿を刻んだ像を拝むなと、命じている。当時は、北イスラエル王国の人々とユダ王国の人々の礼拝対象であった神の名と、神の像が、違っていた可能性が大きいのである。

言うまでもなく、神の名が違い、神の像が違っていたとなれば、互いの信仰を一つにすることは不可能である。あわてて法律を作って神の名を統一しようとしても、親の代からの信仰を一時の法律で変えることはできない。皇帝の命令に依っても無理がある。しかし各自がそれを秘密にしておくことを神自身が命じたとなれば、信仰の違いによる争いは収まることになる。ただし聖書には、そのことに由来する顛末は何も書かれてない。しかし事実はどうであったか分からないにしても、そのときのユダヤ教の統一はうまくいったらしい。

宗教の違いによる争いは、今も世界のあちこちで起きている。ユダヤ教にあったのではないかと考えられるこの知恵は、現代でも参考になる知恵ではないか。なぜなら宗教はそれぞれまるで違って見えて、案外、核となる思想的部分は同じであることが多いからである。実際、十戒の後半は、他の宗教にも見られる禁止条項ばかりである。十戒は「ユダヤ教」と銘打っても、現実には、最初の三戒を除けば、内容は特異ではない。

十戒はこのように、自分が信ずる神の名を伏せることによって、二つの国が信仰において一つになるための宗教基盤を作るものであったと、考えられる。しかしそれは同時に、すべての国民が守るべき事柄としても使われた。十戒（とくに四つ目以下）が国を治めるための法律として機能することによって、じっさいに十戒に依ってユダヤとイスラエルは一つの国として統治された。この歴史があるために、十戒の内容は、細かな規定をもつかたちで申命記の他の律法のなかにも現れ、ユダヤの民の前で七年ごとに読み上げられることになった。

しかしながら、前述のように、十戒は、本来、「神との契約」である。それは信仰に属する事項である。したがって本来は神を「信じる心の諸規律」である。一方、法律は、「社会生活のルール」である。地上の社会生活を人間が互いに守るために、人間が人間同士の約束事として作るものである。戒律（神の戒め）と法律（国の法規）は、本来は、似て非なるものである。

じっさい国家が定める法律のうち、実際行動を規制する法律は多くが罰則規定をもつことで犯罪に手を染めようとしがちな人を、実質、脅している。「脅す」ことで犯罪が起こることを未然に防いでいるのが刑罰を伴う国法である。日頃から警察の目を気にするように、人々の心を誘導しているのである。法律がこの目的をもつことからすれば、犯罪が起きたとき、どれだけ確実に犯人を検挙できるかが、法律と、法律を民衆に遵守させることを役目とする警察にとっては重要なことである。悪心を懐くこざかしい人間に、やっても大丈夫だと思われてしまえば、法律と、目を光らせる警察があっても、国民の安全な生活は守られない。

そのため警察は、犯罪が起こればそのつど「犯人となる人物」を挙げることが至上命令となる。このことから言えば、重要なのは、罪を犯そうとする人間に対する「脅し」となる犯人の「検挙」であって、真犯人が誰かではない。警察の権限が強すぎると冤罪が起こりやすいのは、このように「法律」（おもに刑法）がもともと「脅し」によって犯罪を抑止することを目指しているからである。

この点からすると、ユダヤ教会の告発によるイエスの十字架刑は、イエス以外にも居たらしいユダヤ教の宗教改革運動家を抑えて、ユダヤ教を旧来のまま存続させることを目的としていたと、推測できる。結果的にイエスの教えは、ユダヤ国内から排除され、イエスの弟子たちは旧約聖書を引き継ぎながら、キリスト教会という別の教会をつくることになった。

すなわち、歴史的には、「国家の法律」として扱われた「律法」が、ユダヤ教徒内部の人間を脅してユダヤ教の規律を守らせることを目的としていたことが原因で、イエスの行為が現実には犯罪でなくても、ユダヤ教を内面的に徹底して改革しようとしていたゆえに、犯罪者として告発されたと、見ることができる。またこれから同じようなことをする人間を効果的に脅すために、イエスは処刑されたのだと、見ることができる。ユダヤ教の「律法」がもつ国法としてのはたらきは、社会の旧来の体制を維持するはたらきをするものであって、宗教目的ではないのである。

それに対して、イエスが求めた信仰目的の戒律は、信仰が本物になっているかどうかを試す尺度である。信仰が本物なら、第一に、その人はほかの神を拝まない。第二に、わざわざほかの人の目にも留まる像を造ることもしない。第三に、わざわざ神の名を人前で口にしない。第四に、神の目を気にしているのなら、ふだんの仕事から離れ、神のための一日を、週に一度くらいはもつ。第五に、自分の誕生と生育にかかわった父母を大切にする。第六以下は、神の目を気にしていれば、殺したり、盗んだり、姦淫したり、そういうことはしない、等々。戒律はその人の信仰が本物ならその人はこういう生活をすると、言っている。それが正しい信仰を実現目的としている「戒律」だと見るのが、イエスの教えである。

信仰が本物なら、イエスによれば、その人は神の下に生きている。天の国に居る。つまりイエスによれば、心の内で戒を守っているのなら、その人の心はすでに罪を悔い、心を改めて「天の国に住む」ものとなっている。そういう人の心がもつ、「真に幸福な姿」が、十戒が語っている姿である。そのようにイエスは考えたのだと、推測できる。

38……イエスの十戒理解

繰り返しになるが、イエスは「十戒」を守っている人を、次のような人であると考えた。すなわち、その心は、唯一の神のみを主《あるじ》と考える心であり、心の内でつねに神を目前にしているために神の像を造る必要を覚えない心であり、神を身近に覚えているので、神の名をみだりに唱えることのない心であり、自分を生かしてくれている神に感謝しているので、自分の誕生と生育にかかわった父母を敬愛する心であり、生きているだけで神に感謝しているために、生きていられる以上の所有を求める欲望がない、それゆえに、他者のものを決して盗もうと思わない心であり、同様の理由で、決して偽りを考えない心であり、決して人を殺すことを考えない心であり、異性をみだらな思いで見ない心だと、イエスは考えていた。

まさにこのように心が、心の底から十戒の戒律を守る状態であれば、その人の心は、神を信じる幸福な心であり、天の国に住む人と言われるに値する。反対に、このような心ではなく、このようなことに反する心をもつ人は、天の国に生きていないと、イエスは言うのである。

もしも十戒の内容がそのようなものなら、十戒は神を信ずる心、神との関係を実際に正しく保っている心の在り方を示すものである。それは国家の法律のように、国家社会の秩序を守る人を限定することで、そうでない人を排除する文句ではない。したがって、本来、十戒には法律がもつような罰則は、まったく必要ではない。それゆえ申命記に出てくる、戒律の内容を細かく規定した上で罰則をつけたいくつかの条文[10]は、イエスによれば十戒に対する誤解に起因する。じっさいもしも十戒が、神が人間に与えたものであり、あなたの心が神を本当に信じているかどうか、神自身が人の心を試す尺度だとすると、判断するのは神である。だとすれば、神がその人をどうするかは、神の考え次第であって、神にまかせなければならない。

十戒の規定に違反したものを人間があらかじめ罰則を決めて罰することは、したがって神の権利を侵害することである。それゆえ十戒の規定に違反した人間を、人間が処罰すれば、処罰した人間のほうが、むしろ神によって処罰されなければならない。それゆえ、イエスの教えにしたがえば、申命記の規定も、その規定にしたがって処罰する人間も、神によって不正なものであると見なされ、裁かれる。それゆえ、そのことに熱心であったパリサイ派と律法学者が、ヨハネとイエスに非難されたのである。

戒に違反したものは、天の国に住むことが許されず、天の国から追放されることを意味する。つまりその人は、天の国に住んで神に保護されて暮らすことができず、引き続き人間の分業体制のなかで、その苦しみに耐えて暮らしていかなければならない。これがイエスによれば、「神の裁き」である。それが、神に見放された人間の運命である。見放すことが罰だと言えば、たしかにこれは神が与える罰である。しかしこの罰は、人祖アダムのときにすでに人類に下された罰である。今、あらためて下される罰ではない。みなが、生まれながらに引き継いでいる罰である。そしてその罰のもととなっているものが、「原罪」と呼ばれている。

この罰は、正確に言えば、神が「見放して」いる、つまり神が「相手にしない」だけである。それに対して国の法律は、異なる犯罪の一つ一つに、あらためて罰を犯罪者に与えることを定めている。それに対して、神は、天の国に住まない人を、ただ「知らない」と言っている（マタイ7：23）。それゆえイエスの教えによれば、「神が悪人を見つけていちいち罰する」と考えるのは、まったく不正確な理解である。

要するに、戒が表そうとしているのは、じつは、戒を完全に守る正しい信仰があれば、それだけで実現する心の姿である。言い換えれば、どの戒が述べていることも、それが自然に守られている心の状態であるとき、そのときだけ、その人は神に認められ、神に見守られた生き方をしている、ということである。その人は天の国に招かれた人であり、幸いな人である。イエスによれば、またそのように信じる人が、本物の信仰をもつ者であり、正しい人である。

39……十戒の意味

申命記における処罰規定は、この意味では、戒の間違った理解に基づくものである。このこと、すなわち、「十戒」が法律ではなく、本来は「信仰」を示すものだということは、また、もとの原文であるヘブライ語が示唆している。というのも「あなたは～してはならない」と、現代語で禁止命令として訳されているところは、ヘブライ語の文法にしたがえば、「あなたは～しない」とか、「あなたは～しません」と訳したほうが、じつは正確になる文なのである。たとえば、「殺すな」は、「あなたは殺したりしない」であり、「盗むな」は、「あなたは盗んだりしない」である。「姦淫するな」は、「あなたは姦淫したりしない」である。一般に見る聖書の翻訳が、禁止命令文を示しているのは、たんにそのほうが現代人には分かりやすいからにほかならない。

とはいえ、正しい訳をして、その意味を上述のように理解しようとすると、今度はその意味を納得して理解するためには、読者は神との間につぎのような場面があると、心の内で想像する必要がある。

信仰は心の世界にある。その内容を理解するためには、心の内で自分が神を前にしているところを想像する必要がある。なぜなら十戒が前提にしているのは、「あなたが」実際に「神を前に」して、一対一で神に約束する場面である。したがって十戒を理解するためには、その場面をあたかも現実の如く想像する必要がある。

まず、あなたは、神に現に会っている。したがって天の国に居る。天の国に居て、もう二度とあなたはそこから遠ざけられたくないと思い、神にそれを申し出る。なぜなら、旧約聖書によれば、かつて人祖アダムは禁じられた木の実を食べたために天の国を追放された。したがってあなたも、いったんは天の国から遠ざけられて辛い思いをした。ただ、何が原因か、それは分からないままに、幸運にも今は天の国に居てあなたは神を目の前にしている。あなたは、今度は神から木の実を食べるなとは命じられていない。神からは、つぎのことを、あらためて求められている。

第一に、「あなたは、わたし以外のものを神としない」。第二に、「あなたは像を造ってそれを拝まない」。第三に、「あなたはわたしを主と思って生きるが、わたしの名をみだりに口にしない」。第四に、「安息日を決めてその日を聖なる日とする」。第五に、「あなたの父と母を敬う」。第六に、「あなたは殺さない」。第七に、「あなたは姦淫しない」。第八に、「あなたは盗まない」。第九に、「あなたは偽証しない」。第十に、「あなたは隣人の妻、しもべ、はしため、ろば、その他、隣人のものをむさぼらない」。

これらの求めに応じることとは、人間ならだれにでもできることだと、神は考えている。だから、それがあなたにできないとき、つまりこの十戒を守れないとなれば、あなたは、神が作った本当の人間ではないと見なされ、再び、天の国を追放される。そのように神から告げられる。

イエスは、十戒をわたしたちが聴くとき、神から自分にこのように言われていると考えなさいと、教えているのである。このとき、人は、神を自分の前にしていることを想像していなければならない。そしてこの想像が、心からのものであるとき、信仰が本物であるというわけである。なぜなら、この想像をするとき、少なくともそのときだけは、神を端的に自分の主人であると、あなたは心の中で認めていることになるからである。じっさい、「あなた」が目の前にした神を、自分にとっての「神」ないし「主」と認めることが、神を神と信ずることである。言い換えると、十戒をあなたが守るかどうかで、神に対するあなたの信仰が本物かどうか、神があなたを試している。これが、イエスの教えていることである。

十戒がこういうものだとすると、神は、あくまでも一人ひとりの「あなた」を相手に、十戒を示している。したがって十戒は、この理解によれば、ユダヤ民族という「集団」がもつ信仰を規定しているのではない。その契約は、神とあなた一人の、一対一の契約である。そしてこの契約が守られている間だけ、あなたの信仰は、神に認められている。そのときは、神は「あなた」個人に恵みを与えてくれる。そのように約束している。他方、十戒の約束が破られるのなら、神はあなたの信仰を認めず、あなたが神との約束を否定したと見なし、「あなた」一人には、神は恵みをもたらさない。あなたは「神とは関係ないもの」と判断して、神は「一人のあなた」を見放す。

イエスは、このように考えている。

つまり十戒の戒律違反には、本来なら、このような神による処罰のみがある。したがって、たとえば牢に入れる、手錠をかける、財産を処分する、その他、国の司法が行うような暴力的処罰は、一切あるはずがない。したがってあなたが神の処罰を恐れるかどうかは、あなた個人の心の問題である。信仰を捨てれば、戒律を守る理由はない。神はあなたにとって無であるから、恐れる理由はない。ただそのときは、あなたは神との関係を失い（見捨てられ）、神に何かを頼むことはできなくなる。すべての苦難を、自分の力で切り開いていく必要がある。まさに創世記で神がカインに向かって述べたことばが、神の国から離れた人に対する一対一の警告である。

もし正しくないなら罪が戸口で待ち伏せている。罪は、あなたを求める。あなたはそれを支配しなければならない。（創世記４：７）

どちらを選択するかは、個人にまかされている。信仰をもつことは、他者とは無関係に、個人が自由に決められる選択である。これが信教の自由と言われるものである。

じっさい神を信ずるかどうかの選択は、あくまでも自分の「いのち」をどのように自覚するか、という自分個人の問題である。社会集団が決定する問題ではない。それゆえ特定の社会集団は、イエスが考えている神とは何ら関係をもつことがない。したがって特定の社会集団は、イエスの神と関係をもつことができないと言える。それゆえイエスが考えている神がこのような神だとすれば、「戒」の契約を結んだ神はイスラエル民族と結んだのではなく、民族の相違を問わず、「個人」と結んだと言わなければならない。イエスの神がユダヤ民族の神ではなく、人類普遍の神であり、キリスト教が世界宗教となる可能性は、このことから生ずる。

この問題は、同時に、自分のところに在る「いのち」に関する理解の問題である。その「いのち」は、中身はほかのだれとも共通である。さらに「いのち」が与えられたどの生き物にも、共通している。しかし、自分のところにある「この-いのち」は、生まれたときから自分のところにだけ在るものであって、唯一のものである。

自分が信仰をもつかどうかは、「この-いのち」が、神とどのように関係していると考えるかである。その「いのち」は、神が与えたと考えるか、それとも親という人間が与えたと思うか、あるいは、自然が与えたと思うか、いずれにしろ、自分に「この-いのち」を与えたものは、「いのち」に関して、自分を支配する「主人」である(「神」は、聖書のうちでは、「主」と言われる)。その「いのち」が、自分に「生きる喜び」を与えてくれるなら、自分は、そのことに感謝して、つねに神ないし親、あるいは、自然を、おのれの「主」として敬わなければならない。

他方、「生きる」ことが辛いことなら、その「主」を恨んで、自分のいのちを取り去ることを願わなければならない。「いのち」を与えるかどうかは、神の支配の下にあるからである。いずれにしろ、自分が自分に「いのち」を与えるか取り去るかの権限がないと考えるなら、神ないし自然が「主」であり、自分がその「従僕」であることは、変えることができない。

言うまでもなく、親もまた人間なら、親の「いのち」は、その親から、と無限にさかのぼることになり、「いのち」を与えたものは、人間ではないと分かる。それをやはり「神」と呼ぶか、「自然」と呼ぶか、「霊」と呼ぶか、どのように考えるか、自由である。ただイエスは自分たちの習慣(言葉の習慣)として「神」と呼ぶことを当然と見なしている。

以上のことに人はいつ気付くかが信仰の始まりである。すなわち、自分の基盤にある「いのち」に気付くことが始まりである。気付かなければ「自分が生きる」ことは、自分の世界で真実にはならない。自分が生きている現実をどのようなものと判断するかは、その関係に気付くか気付かないか、あるいは、それを認めることができるかできないか、どれも自分だけが判断できる。それゆえ、神を信ずるかどうかの問題は、他人にその問題を預けて、他人に判断してもらうことではない。自分の心の内だけの問題である。

したがって、この教えはまったくの個人（自己）が「おのれのいのち」と関われば成り立つ教えである。集団組織を途中に介する必要はまったくない。それゆえ、イエスの教えは、あらゆる教会組織の存在意義を無にする。イエスの教えを危険視した当時のユダヤ祭司たちの判断は、この意味で間違っていない。イエスの教えは、一方で、教えの伝道を高く評価しても（「天の国で大いなるものと見られる」マタイ5：19）、教えの共通性によって集まった人々が一定の社会組織をつくって社会的力をもつことを、まったく評価しないのである。

一方、国の法律にかかわる問題は、国家公共の問題として理解される。公共の問題は分業体制の中で解決される。それゆえ、かならずしも自分個人が判断できなくてもかまわない。公共の問題は、解決策を、それを専門とする他者に考えてもらうことができる。じっさい法律は心の外の行為に関する規定なので、あなたの心がどうであろうと、それとは無関係に、法律によって罰が与えられる可能性がある。あなたが無罪だと主張しても、権力者は法律にもとづき、それを無視して罰を与えることができる。権力者に対して法律を盾に主張を貫くためには、専門家の協力が必要になる。あなたは法律をよく知る弁護人に、問題の解決を頼むことができる。こうして地上の生活には分業体制における人間どうしの協力があり、それができる。むしろ互いに金銭を必要としているのであるから、分業体制の社会とその法律は、人間どうしの協力を積極的に促している。そしてそれができない人間は、今度は人間社会から見捨てられる。

そして神は、人間社会に頼るばかりの人間、すなわち、人間社会(他人)の評価のみを気にする人間を、自分のところから「離れた」人間と見なしている。そしてイエスは、それを「罪」――神から見捨てられる原因――と見ている。

以上のことは、わたしたちの周囲に起きている日常において明らかである。したがって、法律とそれが実現を目指している「社会正義」は、国家秩序の分業体制を円滑に、安全に動かすことを目的としている。他方、「戒」は、個々人の信仰に過ちがないことを目指して定められている。二つは、まったく性質の異なるものである。一方は国の法律であり、他方は宗教の戒律である。二つは、端的に区別しなければならない。

仏教でも本来、戒への違反に対する処罰は何もない(教団の共同生活の規則である律については別である)。ただ古い時代に、懺悔《さんげ》と言われる半月ごとの儀式が仏教教団にはあった。修行僧が自分の戒律違反を人前で告白する儀式である。人前に罪をさらすことは恥ずかしいことだから、辛いことである。それゆえ、処罰と言えば、処罰である。しかしこの場合も、僧であることをやめれば済むし、僧であっても、口をつぐんでおけば済むことである。いずれにしろ身体的強制力はないので、法律による処罰は、仏教の戒律にもない。

40……二種類の正義

しかし、見方を替えれば、国家の法律も、信仰上の戒律も、どちらも人間の約束事だと言うことができる。しかし法律は分業体制の社会のなかで、その社会の安全を守るために、適宜、作られる。たとえば社会の中に流れる金銭も監視対象である。社会の監視からはずされた金銭は正しく流れないかもしれない。そうなってしまうことは極力排除しなければならない。金銭によって流通するものについても、監視され、誤りがあれば、極力排除しなければならない。正しく社会が運営されることが、社会が安全であるために必要なことだからである。したがって、人間社会では、社会の仕組みの発展に応じて監視と処罰の種類は増大する。

なぜなら、機械も一部の部品が正常に作動しなければ機械の全体が動かなくなるように、社会も一部でもおかしくなれば、それが何らかの仕方で全体の動きをおかしなことにしてしまうからである。このとき、一部でも社会の動きをおかしくしてしまうものは、社会にとっての不正義として、人間社会はそれを排除しなければならない。それゆえ、社会の正義を守る法律は絶対的なものではなく、社会が異なれば、人に求められる正義は、当然、異なる。

たとえば、現代社会では車の事故が多発する。それによって死ぬ人も少なくない。しかし自動車が無かった時代の戒律には、自動車のことは書かれていない。一方、十戒は「殺してはならない」と言っている。戒律にとって人を殺すことが、自動車に起因するかどうかは問題にならない。殺人は明確な戒律違反である。では、殺人を引き起こした車の利用は法律違反になるだろうか。十戒が車の利用は戒律に違反しうると言っても、法律は車を無くすことが正義だとは、決して言わない。なぜなら車が無ければ現代社会の経済が成り立たないからである。経済とは、分業による物の生産と流通、消費の姿そのものである。それによって人間の社会生活が、安全に、円滑に成り立っている。法律は、この社会の安全のための正義として明文化されている。だから、法律は個人の「いのち」を守ることよりも、社会全体の経済を守ることを優先する。そのため、法律を作る立場の人は、たくさんの人の死があっても、車を無くす選択はしない。

ただし事故が起きて経済が滞るのは避けなければならない。経済は人が動かしているものだからである。しかし人のためではなく、あくまでも経済のために、個々人が車の取り扱いに注意することを、法律は義務化する。法律は、その本当の目的は「社会の安全」のためであっても、それが「社会の正義」であるという理念のもとに、人間社会は法律を作るのである。

わたしたちが社会のうちにもっているものは、何事も、人が生きるためにある。一方、信仰は、人が人として、あるいは、神が作った生き物として生きるために、もつものである。戒律はそのための規律である。他方、法律は人が社会の内で安全に生きるためにある規律である。したがって、生きることだけを言えば、戒律と法律は同じに見える。ところが、信仰の教え、あるいは、信仰する者に与えられる戒律は、信仰する者一人ひとりが整えるべき「心の正しい状態」を表している。じっさい法律が「人の社会集団が安全に存続する」ために、社会の構成員が「正しい行動を取る」ように規制しているのに対して、戒律は、「個人が正しく信じて自分を生きる」ために個人の生活を律する指針である。

したがって社会が安全に存続するために武力を必要とするときは、他国に脅威を与える武力の保持は、社会にとって「正義」だと言われる。じっさい戦争が始まれば、抗戦することが社会にとって社会の安全を守るための「正義」である。また、国の名での人殺しは、一人でも社会「正義」であり、大量でも社会「正義」である。戦時の人殺しは、むしろ名誉とさえ言われる。喜劇王チャップリンも指摘したように、大量であれば、むしろ国家の名で「勇気がある」、「英雄だ」と、賞賛される。他方、ふだんは人殺しは絶対悪だと言っている人も、或る人のしたことが社会の安全を著しく損なうと考えられるなら、その人を国外に永遠的に排除するか、この世から永遠的に排除するために人を死刑にすることが「正義」だと主張する。法律がもつその理屈は、戦時も平和時も同じである。

信仰の規律を示す宗教戒律は、それと相反する。「殺す」こと、わたしたちが生きている場面から「人を排除する」ことを、宗教戒律は反対する。人殺しは、平和時の死刑であれ、戦争時の勝利の戦いによるものであれ、絶対悪である。信仰によれば、神から与えられた「いのち」は、神から「生きる」ことを命じられている。自分であれ、他者であれ、人間が勝手に「いのちの奪取」＝「死」を選択することは、神の命令に違反する。生死は神の権限だからである。人間を含め、生きとし生けるものは、「生きる」ことも「死ぬ」ことも「神の命令」（神の判断）に従わなければならない。人間が神の僕《しもべ》として従順にそれに従うとき、そのときまさに「神の正義＝戒律の厳守」が、わたしたちが生きている現実の生活の場で、成就するからである。

41……神の正義を知る「いのち」

しかし、人間には、神の姿が身体器官の目に見えず、その声は身体器官の耳に聞こえない。では、神の判断は、どのようにして知ることができるだろうか。

わたしたちには、一人ひとり、別々に、「いのち」が与えられている。その「いのち」は、「神からのもの」である。したがって、「いのち」を活かすことも、失うことも、それが神によるとき、そのときだけ、生死のいずれもが「良い」ことである。人間が勝手に「いのちを無きものにする＝殺す」ことを、戒律は禁じている。

人間が制御できない自然界の「いのち」は、それゆえ、つねに神の判断で生滅を繰り返している。神が配分している「いのち」は、「神の判断をつねに受け取っている器」だからである。したがって、神の判断を知るためには、神に与えられた「いのち」によるほかない。それは人間が作り出した生物学や医学の概念の中にある「生命」ではない。どんなに優秀な医師の理性であっても、神が決めた生と死は、膝を屈して受け入れるほかない。

ところで、神が与える「いのち」は、個々人に別々に与えられているから、個々人の生死は、別々のときに、別々の位置で起こる。しかし、「いのち」の中身（本質）は、つねに同じと考えられる。中身（本質）が同じと見てよい理由は二つある。一つは、複数の生物がそれぞれもつ「いのち」をどれほど探っても、わたしたちはそれらの位置の違いのほか、違いを見つけることができないからである。つまりわたしたちは複数の「いのち」のうちに「いのち」の本質の違いを見分けることはできない。

もう一つの理由は、地球上のあらゆる生物は「生きている」ことでは「同じ」と見なすことができるからである。したがって、生きているものはほとんど無数であっても、「生きている」ことの根拠を指している「いのち」の本質は、「同じ」と見ることができる。

ところで、信仰上の「正義」（戒はその指針）は、各人に別々に与えられた「いのち」の同じ本質を通して、神から教えられる「正しさ」だと言える。そして神は、永遠的、絶対的なので、その「正しさ」は、「神の正義」と言われ、永遠的で、絶対的である。したがって人は、生まれながらの「いのち」の感覚を失わなければ、その「いのち」を通して神の声を聴くことができる。他者に教えられなくても、神の声を聴いて、神の正義を行うことができる。自分一人で安定的に幸福で居ることができる。

一方、法律の「正義」は、人間がつくる「社会」に適合した正義、すなわち、安定的に社会が存続するうえで都合のよいものが、社会の正義である。それは異なる社会によって異なるものである。すなわち、時間（時代）により、周囲の状況により、構成する人間により、さまざまである。したがって社会の構成員は、それを、そのときどきに、あらためて周囲から学んでそれに従わないと、社会一般が認める正義の行動はとれない。時を置かずに他者から学ばなければ叱正を受けることになる。度を越せば社会から排除される。ソクラテスもイエスも、神の正義にしたがいながら、当時の社会の正義には従い切れなかったために、処刑されたのである。

以上のように、十戒と法律文とは、似て非なるものである。

42……律法（十戒）の完全成就

つぎの個所の文句は、マタイにのみあって、ルカやマルコの福音書には見られない。

あなたがたは、わたしが律法や預言者を廃止するために来たと思ってはならない。廃止するためではなく、成就するために来たのである。……おきてを行い、またそうするように教えるものは、天の国で大いなる者と呼ばれるだろう。……もしあなたが律法学者やパリサイ派の人々以上に神のみ旨を行う生活をする者でなければ、あなたがたはけっして天の国に入ることはできない。（マタイ5：17－20）

「律法や預言者」とは、モーセ五書をはじめとするユダヤ聖書全体を指している。とりわけモーセ五書は、ユダヤ教の基盤とされる。宗教的な「戒」のみでなく、それを実現するための刑罰を含む「律」が入る。したがって、旧来のユダヤ教をそのまま指している。「それを廃止するのではなく、成就する」というと、旧来のユダヤ教を守る話である。これはわたしがこれまでのところで見て来た結論、すなわち、ヨハネやイエスは、旧来のユダヤ教を精神的に改革する運動を行ったという結論と矛盾する。

しかし、パウロのローマの信徒への手紙にある文句とは一致する。

それでは、わたしたちは信仰によって、律法を無にするのか。決してそうではない。むしろ律法を確立するのです。（ロマ3：31）

それゆえ、ここに述べられているイエスの言は、パウロのかつての律法主義から生まれたものではないかと思われる。旧来のユダヤ教への反動がキリスト教会の中にあって、それとの妥協の産物ではないかと、疑われる。

とはいえ、妥協の産物であれば、その幾分かは、真実を伝えていると言える。もしもここに言われている「預言者」が、預言者と噂されたヨハネの教えを含むとすれば、以下のような説明ができる。

イエスは十戒や預言者ヨハネの教えを成就するために自分は来たと言う。そしてその成就は、神のみ旨を行う生活をすることであり、その生活をする人が天の国に入ることが出来ると言っている。そしてそれを教えるものは「天の国で大いなる者」と呼ばれるという。

言い換えると、ヨハネのような預言者の教えや戒は、「神のみ旨」であり、イエスが実現を人々に求めているものは、まさにその成就、つまり完成だと言っている。なぜなら、それを実現することが、正しく信仰の教えに従った生活をすることだからである。そして正しく信仰の教えに従った生活をすれば、人は天の国に住むことができる。

律法学者やパリサイ派の人々は、自分たちがいかにも立派な教会の祭司たちの取り巻きに庶民から見えるように、ふるまう。彼らは、律法を社会生活において守るべき「法律」だと解釈して、表向き、しっかりと守る。そして他者に向かっても、自分たちと同じように律法に書かれている事項を守ることを要求する。しかし法律が守るように言うのは、「行動の規律」のみである。「心の規律」ではない。したがって彼らが守るのも、じつは行動のみである。律法学者やパリサイ派は、実際行動や発言では、たしかに律法に忠実である。しかし心の中は、猜疑心や妬み、所有欲、権威欲などで、いっぱいなのだ。じっさい彼らは、ヨハネに、そのことを非難されていた。

ヨハネは、パリサイ派とサドカイ派の人々が大勢、洗礼を受けに来たのを見て、彼らに言った。「蝮の子孫よ、来たるべき神の怒りから逃れることができると、だれが教えたのか。……」（マタイ3：7）

イエスは或る場面で律法学者を告発している。

すると、律法学者のある者は心の中でこう思った。「この人は冒涜の言葉をはいている」。イエスは彼らの心の中を見抜いた。「どうして、あなたがたは心の中で悪いことを考えているのか。」（マタイ9：3-4）

　このように、イエスの教える信仰が求めている規律は、「心の規律」である。完璧に正しく信仰をもつことは、その規律を「心が守る」ことができたとき、はじめて実現される。つまり心の内でだれかを殺そうとしない、言い換えると、心が「一切、人を亡き者にしたいと思わない」とき、さらに言いかえると、この同じ世に生きているだれであれ「存在を否定しない」、だれであってもその存在を肯定し、自分の心の世界に受け入れることができるとき、十戒の一つ、「殺してはならない」がまさしく成就すると、イエスは言うのである。

　じっさい、一般に、心が悪いことを思う、そのことが先に在って、それにともなって悪い行動が起こる。したがって心の結果として起こる「悪い行動」だけを止めることよりも、その前に心の内に在った「悪い思い」から、その後に続く全部を止めることのほうが、生活の「正しさ」、「良さ」は、より完全である。そのほうが、身体行為を伴う悪だけでなく、心の行為も含めて、悪のすべてを止めることになる。したがって、イエスが、律法学者やパリサイ派の人たちより「律法を完全に守ることを自分は求めている」と言うのは、明らかに心の規律を彼が求めていることを意味している。そしてそれがイエスの言う「真の信仰」なのである。イエスの言っていることは、論理的にも首尾一貫している。

　じっさい、悪い思いを懐かない心は、「正しい、良い思い」しか懐かない。そして正しい心、良い心は、幸福な心である。心の美しさは、心の正しさであり、心の善さである。見た目の美しさは、かならずしもその心の美しさではない。美人であれば善人だということではない。逆に、心が正しいからといって、かならず見た目に美人ということもない。しかし、心の善美は、心の正しさである。正しい心は、善美な心である。その心の美しさは、自然とその態度、行動に現れる。そして、正しく、善美な心は、幸福な心である。

その心は、イエスによれば、天の国に居る。なおかつ、正しい心は十戒の規律を守る心である。イエスが言っているように、心の内でも戒を守れた人のみが、戒を完全に成就している。そしてそれゆえ、その人は神との約束を忠実に守った人だから、神が見守っている天の国に居ることができる。

他方、すでに述べたが、人が天の国に居ることができるのは、十分に「おのれの罪を悔い、心を改めた」結果である。それなしには天の国に居ることができないというのが、ヨハネとイエスの教えである。つまり十戒の完全成就は、「悔い改め」が十分になされてはじめてできることだと、イエスは教えている。悔い改めが十分になされるなら、その心は、「殺してはならない」という戒を成就する。すなわち、行動においてだけでなく、心の内でも完全に達成する。

その心は、だれであれ、人の心を、あるいは人の存在を、つねに肯定し、受け入れる。十分に悔いることで心を改めた人は、人を無視したり、否定したり、差別することは、心の中でも、決してしないうえに、決してできない。なぜなら、その人は心の内でも、だれも殺すことができないからである。そしてこのようになることが、戒の一つ「殺してはならない」を成就することだと、イエスは言うのである。

さて、先のイエスによれば、戒の一つだけでなく、戒のすべてにわたってそのようなことをイエスは求めていると、言うことができる。つまりすべての戒が指摘している罪に関して、十分に悔いることを、イエスは「あなたに」求めているると言える。

しかし、町に暮らすふつうの人間は、「そのようになることは完璧な聖人になることだ、自分は凡人だから、どんなに努力しても聖人にはなれない」と考える。そのように考えて、イエスの教えは不可能なことを要求していると考える。イエスの教えを、自分には手の届かない「理想のこと」と受け止める。そのように考えて、イエスが求める「悔い改め」は、いい加減にしておけばいいと、口先だけのことで終わらせ、たいていの人は、イエスの教えよりもだれでも信ずることができる、パウロの教えに向かい、キリストの十字架像の前で、イエスの身に起きた悲劇を思って懸命に祈るだけの信者になるのである。

しかしイエスは言っている。

自分の十字架を負ってわたしの後に従って来ない人は、わたしにふさわしくない。自分の命を保とうとする人はそれを失い、わたしのために命を失う人は、それを得るであろう。（マタイ10：38-39）

イエスが「自分の十字架を担う」というとき、イエス自身は「十字架刑に値するほどに自分の罪は重いと、おのれの罪を心の底から悔い改める」と教えたと、解釈できる。しかし、イエスの教えを上の空で聴いていた使徒たちは、イエスを十字架刑で喪ってはじめてイエスのことばを思い出し、この教えを、自分たちのように「キリストを十字架刑で喪った悲しみに耐える」ことだと理解するようになった。そして、人々に、「キリスト教伝道のために命を捨てる信仰」を伝えたのである。

すでに述べたことだが、イエスが言っていることがむずかしいと見えるのは、その教えが悔い改めを、イエス自身がした「結果」において生じた心のようす、すなわち、天の国に生きることを前提にしているからである。それは実際に、イエスと同じほどに悔い改めをした人にしか分からない。自分はイエスが求めるような聖人にはなれないと悔い改めを実際に経験しようとしない人が、イエスの教えについてその実践と理解の諦めを口にする。しかしその人は、実際には、これまでの自分に執着して、自分の努力で自分から変わろうとせず、罪を悔いておのれの心を改める努力を拒否している。そういう人は、天の国に帰ることを拒否している。そしてイエスの教えは、ただそのことばを記憶しておくだけに終わる。それは聞くだけで実践しない人である。イエスはそれを「砂の上に家を建てた人」にたとえている（マタイ7：26）。

イエスの言うことが分かるためには、読者の心が、すでに悔い改めを行い、その努力を、十分に経験済みでなければならない。それなしには、イエスが言っていることは、よくわからないままである。すでに述べたように、人は、そもそも自分が経験していないことは、正しく理解することができないからである。

43……怒る者は裁かれる

イエスは十戒の全般について、「完全な成就」を求めた。実際行動において戒を守ればそれで十分なのではない。心の中の「思う」という、むしろ心のはたらきそのものにおいて、しっかりとすべての戒が守られていなければ、完全に十戒が成就されたとは言えない。すなわち、戒が行うように勧めて言っていること、たとえば父母を敬うことは、その通りに「父母を敬おう」と心に思い、そしてそれを思うだけでなくそれがその人の生活態度に出る。他方、行わないように言っていることは、実際にしないだけでなく、心でも思わない。そういうことが出来ていなければ、戒が成就していることにはならない。

つぎのように言われている。

あなたがたも聞いているとおり、むかしの人々は、「殺すな、人を殺した者は裁きを受ける」と命じられていた。しかし、わたしはあなたがたに言う。兄弟に対して怒る者はみな裁きを受ける。（マタイ5：21–22）

十戒の内の「殺してはならない」の戒に対応した話である。「殺したい」という思いは、相手に対する「怒り」の思いである。心に怒りがなければ、「殺す」ということばは、そもそも心に浮かばない。したがって、心においても完全であることを求めるなら、心の内の「怒り」は無くさなければならない。心に怒りが在るなら、その時点で、つまりいまだ行動に移っていない時点で、イエスは、あなたには人殺しの罪があり、「あなたは裁かれる」と言う。

じっさい、「裁かれる」ということは、「有罪判決」が確定することである。実際に人を殺せば、むろん罪だが、心に「怒り」が在った時点で、すでに殺害の罪があると、イエスは言う。イエスは、戒が述べていることは、実際行動ではなく、「心の動き」（思うこと）と解釈する。「有罪」と聞けば法律違反を裁く通常の裁判しか思い浮かばない人には、まったく分からない教えである。たしかに普通の人は、心の内の犯罪は、実際に他者に危害を及ぼしているわけではないから、許されるべきだろうと考える。心の中で人を悪く言うことはだれにでもあることで、それまで取り締まったら、牢の外に居られる人はだれも居なくなってしまうと、ふつうは考える。

じっさい誰かのことを悪く言ううわさ話は、いつの世にも、どこでも耳にすることである。それまで一つ一つ取り締まったら、世の中どうなるだろう。窮屈で仕方がない、それは警察国家だ、全体主義だと、言われそうである。そういうことを認めて、多少の悪口は赦そうと考える人こそ、良識的で優しいと、むしろ世間では考えられている。

イエスは、神の子で、当然優しいはずだから、「心で思ってもいけない」と、無理難題を命じることは考えられないと、読者は思うかもしれない。あるいは、彼自身は神の子だからできたかもしれないが、凡人の我々には無理だと、考えるかもしれない。

しかしこれも、「悔い改め」を経験しない、厳密な意味で「知らない」ために起こる無理解なのである。もともと彼が言う「悔いなさい」ということばは、自分の心の内に繰り返し起こる「悪い考え」を、自分の心を苦しめる根源の「罪」（原罪）・「不正」・「悪」であると気付いて、自分自身の心が、それが「悪」だと、正しく判断すること、すなわち、「悔いることを良いことだと勧める」ことばである。

言うまでもなく、「心の内の罪の存在」を見出し、その罪を「悪いと考える」ことは、心の動きにとどまるかぎり、他者の耳に届くこともなく、他者の目に気づかれる心配もない。すなわち、心が気付く「罪」も、それについて起こる「嫌気」（悪いことと思う）も、心の内の存在であり、動きであるから、ほかの人には秘密にしておいて、問題のないことである。そもそも戒は、神との「心の契約」である。心の内まで見ている神を意識すれば足りることで、他者の目を気にする必要はまったくない。もともと隠れているのだから「隠している」ことに罪を感じる必要はない。

じっさい神との約束を、心で守ることは、それを心の内にとどめることである。したがって自らの内に罪の存在を見出し、その罪を悔いることを、心の内にとどめ、口に出さないことは、かえってよく誠実に神との約束を守ることである。十戒の第三戒が、おのれの信ずる神の名を秘密にすることを求めているのは、これと通じることである。まさに心から神を信じるなら、その神の名を口にすることは慎むべきである。それと同じく、おのれの罪を本当に反省するなら、独り、心の内でのみ、おのれの罪を悔いなければならない。むしろ口に出してはならない。人に見せるものではない。罪を悔いることが心からのものなら、当然、神はそれを認める。外見で、あるいは、外聞で、罪を告白することで他人に信仰を認めてもらうことなど、神は求めていない。

「悔悛」とか、「告解」と呼んで、現実に神父や司祭に対して口にしなければならないと決めているのは教会であって、神自身ではない。だから、必要なことは、だれにも気づかれない心の内で、すなおに心の内に起きた「悪い考え」を見つけて、それを自分の心の内で「とがめれば」いい。「悪い考え」が自分の心に起きている事実を、ただ「嫌なこと」だと、心から認めればいい。わざわざ他人に告白する必要はない。他人に言ってしまうことで、他人から陰口をたたかれることは無用である。自分の中だけにとどめておいて、それで構わない。

むしろそのように人目に触れないようにしていることが、信仰の「偽善」を避けることになる。信仰は、人目に触れないようにしていることが、本当の信仰である。ただその結果が、その人の行動、生活に現れ、世の光となり、地の塩となることが、求められている。なぜなら、繰り返しになるが、あなた自身の心が、ひとたび神と一対一で契約を取り交わせば、契約は成立している。それが「十戒」である。このことについて他人に証人になってもらう必要はない。もともとだれであれ、人間には、神との契約に関して証人になれる資格はない。司祭ではなく、「神自身」があなたの契約相手だからである。

既に述べたように、第三戒は、むしろそれを神自身が保証していることを示している。他人に証人になってもらうことは、他人に神の名を聴いてもらうことである。しかし、第三戒にしたがって、神の名は口にしないほうが本当の信仰なのである。第二戒は、神の像をもち、その前で誓うことを、神は避けるように教えている。したがって、自分の罪とそれを悔いる心を、神を象徴する教会のなかで人に言うことは、むしろこの二つの戒に違反する。じっさい、罪の告解は、神に対する信仰の実践である。司祭ではなく神に向かってすればいいことである。それに対して、信仰の実践を他人に証人になってもらわなければやったことにならないと思うことは、他人のほうを信じて神を信じていないことを神に告白するようなものである。

神を信じることは、神の前に出ることができることを言う。ところが、神の前に出ることができない人は、それができないことを人に知られることを恐れて、他者の見ている前で、わざと、罪の告解を実践するほかない。そうすることで、自分の信仰を他者に保証してもらおうとする。したがって、罪の告解を人前ですることは、自分が神の前に出ることができないことを告白するようなものである。ここが神との契約が特別なものであるポイントである。ふつうの社会契約は、文書など、客観的に、他者の目に明らかなように証明されたものでなければ認められない。

しかし、神との契約は、神が認めれば成り立つことであって、他人の証言や、誰の目にも留まる証書は、まったく必要ない。それどころか、あれば、神との契約はむしろ成立していない。なぜなら、神との契約は、神を信ずる信仰によってのみ成立する契約だからである。人の作る証書を必要としない。したがってそれが必要と考えて、人がそれを作るなら、神のほうでは、それを自分を信じていない証拠と見て、神は契約を反故にするだろう。

一方、実際行動の制御ばかりに気をつかうことを求められているのが「社会人」である。現実社会に生きる人間は、日頃から、社会がもつ法律その他のルールによって善悪を判断するように、人々を教育している。人々は、この社会による日頃の習慣づけに気付かずに生活している。法律などが定めたルールこそが、みなが認める正しさであり、神も、同じように考えていると、疑わずに信じてしまっている。

イエスは、それをやめることを教えている。大切なことは、まず「あなたの心」が、あなたの心に直接相対している「神」を前にして、「悪いことをしない心になる」こと、言い換えれば、「罪を犯さない心になる」こと、それが本当の信仰だと、教えているのである。

あなたに神から与えられた「いのち」は、あなたの心がそうなる力を、十二分にもっている。なぜなら、だれでも幼児においてはそのような心をもつことができたのだから。イエスは、自分がこの種の真実を知ることができたわけは、幼子のような心をもったからだと言っている。「これらのことを知恵ある者や賢い者には隠して、幼子のようなものにあなたは示された」(マタイ11:25)。それにもかかわらず、人は大人になると、社会の罰則を気にするばかりで神のことを忘れ、社会の主張にばかり気をつかって、自分の心にある「いのち」自身に、善悪を聴こうとしない。そういう日々を過ごしている。

じっさい、神の目よりも人目を気にして生きる人は、罪は心の内にとどめて置けばいいと考え、それを本気で悔いることをしない。これこそ神に対する裏切りであるが、そのことに気付かない。隠しておけるからと、罪を心の内に放置してしまう。悔いることで心の中を変えようとはしない。自分の心を変えられるとは思っていない。むしろ変えてはいけないと思っている。心を変えることは、自尊心を失い、自分自身を失うことだと考えている。心の中の欲望を変えること、それを無くすことは、むしろ自分のアイデンティティを失い、自分を見失うことだと信じている。プラトンが書いた『ゴルギアス』のなかで、カリクレスという人物がソクラテスを軽蔑して、つぎのように自分の主張を述べている。

一番正しいのは、哲学と政治のその両方にたずさわることだと思う。哲学には、教養のための範囲内で、ちょっとたずさわっておくのはよいことであるし、若い時に哲学するのは、少しも恥ずかしいことではない。しかし、もはや年もいっているのに、人がなお哲学しているとなると、これは、ソクラテスよ、滑稽なことになるのだ。……実際、いい年になってもまだ哲学をしていて、それから抜け出ようとしない者を見たりするときは、ソクラテスよ、そんな男はもう、ぶん殴ってやらなければいけないと、ぼくは思うのだ。なぜなら、そういう人間は、いかによい素質をもって生れて来ていたところで、もう男子たる資格のない者となってしまっているからだ。かの詩人（ホメロス）が、男子たるものの栄誉を輝かす場所としてあげている、あの一国の中央の、人の集まるアゴラを避けて、社会の片隅にもぐりこみ、三、四人の青少年を相手にぼそぼそとつぶやくだけで、その余生を送り、自由に、大声で、思う存分の発言をすることもなくなっているからである。（プラトン『ゴルギアス』加来彰俊訳、岩波文庫、一九六七年、一二四－一二五頁）

つまり、正しく生きようとする者は、自分自身の欲望を抑えるようなことはしないで、欲望はできるだけ大きくなるままに放置しておくべきだ。そして、できるだけ大きくなっているそれらの欲望に、勇気と思慮とをもって、十分に奉仕できる者とならなければならない。（同、一四二頁）

カリクレスは、自分のもつ欲望を、むしろできるだけ大きくして、それに奉仕する努力をすることが正しいことであり、徳のある人間だと言う。それこそ社会の内の強者であり、勝者だと言い張る。ソクラテスはそれを正そうとするが、カリクレスは応じない。

「カリクレス」と名付けられた人物の言は、競争社会に生きる人間の本音である。本音だから、社会に生きる人間として、カリクレスはそれを変えることには応じられない。じっさい、ソクラテスは、このカリクレスに、「世の中のすみっこで、若者相手に話しているだけ」の、「敗者扱い」されている。

このカリクレスのように、ふつうの人はこれまでの自分を変えたくないと、罪を懐く「既存の自分」に執着する。この執着が自分を守ること、自分のアイデンティティを守り、自己の存在を社会にアピールすることだと、考える。イエスはそれを止めることを命じる。自分の心に持つ「悪い考え」を、自分の心が「嫌気する」ことが「悔いる」ことだと、教える。悔いる対象は、自分の心のうちに在る「悪い考え」である。その「悪い考え」が「罪である」ことは、神が自分に与えた根源の「いのち」を思い起こして、幼児の心を取り戻し[11]、その心でおのれのうちを見てみれば、簡単に分かる。そしてそれを悔いれば、心に天の国が近づく。

「悪いこと」を、醜いこと、汚いこと、嫌なことだと思うことは、少しもむずかしいことではない。ごくふつうの感覚だと言える。

福音書のなかにある次のことばは、このことを暗示している。

求めなさい。そうすれば与えられる。捜しなさい。そうすれば見つけられる。たたきなさい。そうすれば開かれる。だれでも、求める者は受け、捜す者は見つけ、たたく者は開けてもらえ

る。（マタイ7：7－8）

むしろ問題は、悪いことを悪いことだと、正しく受け取る「心の率直さ」である。そして率直な判断力である。じつは、この心の率直さが、神を信じることができる「いのち」の力であり、「いのち」そのものである。それが失われていたら、あなたの心は、「いのち」が失われているのだから、すでに死んでいる。自分ではどうにもならない。心自体は、神から見れば、死んで腐ってしまっている。もはや自分を救うことができない心が、そこにある。特別な神の恩寵でもない限り、救われて天の国に行く道は、そのひとには完全に閉ざされている。

心の内に在る何かが、罪（悪いこと）であるかどうか、自分の心に、かすかであっても「いのち」が残っているのなら、必ず分かる。なぜなら、その「いのち」は、神の分け前だからである。つまり「いのち」は、神の持つ判断力を分け持っている。それは善悪を判断する絶対的な尺度である。ところが、心の中の罪を自ら大目に見て、心の中で悪を赦し続けていると、罪に目をつぶることを日常にすることによって、しだいに心が曇って硬くなり、その内でこの「いのち」が息を詰まらせてしまう。

そのため、町に暮らす多くの人が善悪の判断を自分だけで絶対的にもつことができなくなっている。そしてそのために、周囲の人たちの判断を聞きまわり、周囲にある社会の判断に、つねにならうのである。自分の判断をもてなければ強そうな人に従って自分の安心を得るほかない。しかしそのために人は強そうな人の主張に対して臆病になり、その人の意向に沿うことしか考えることができなくなる。しかし、集団内でただ有力なだけの他人の判断につねに従う人は、まさにそのことによって、神を信じないままに生きる。

むしろ神が信じられないから、人は相対的な社会正義のみを頼りに生きる。ところが、相対的な正義は、時代に依って、社会集団が陥る状況に依って、いくらでも変わる。したがって人はつねに周囲の人々の心変わりを気にかけていなければならない。自分の価値観をいつ変わるか分からない社会正義につねに合わせていなければならない。そのために、人々は日夜、社会からつまはじきにされないかと不安に駆られ、機械を使った情報集めや、おしゃべりに余念のない生活を送るほかないのである。

じっさい、たいていの人が、「どのように生きたらいいか」、あるいは、様々な場面で、「どうしたらいいか」悩む生活をしている。幾分悠長に構えていられる人は、周囲の人たちを見て、そういう日々の悩みを、特別な事ではないと思っている。親しい人の間で、あるいは本の中で、新聞の紙面で、それを共有して自分を慰めている。

しかしどうしたらいいか自分だけではわからない状態とは、自分の中の「いのち」を見失っている状態である。このような人は、生きる場面で「どのように生きたらいいか」一人思い悩むことは避けられない。そしてそのときには、心はすでに曇って、自分に与えられた「いのち」を実際には見失っている。

こうして自分の「いのち」に気付くことができないために、その自分の内面の危機的事実に気づかず、どこかに正しい知識があるはずと、焦燥感を伴って求め、悩む。幸せそうに生きているほかの人は、すでに自分が知らないところでそれを手に入れているに違いないと思い、焦燥感に苛まれるのである。

「いのち」を見失った人は、社会常識、社会の大方の意見、あるいは、信頼された権威の意見を頼りにして生きる。人間社会は分業体制であり、どの場面にも専門家が居る。そして社会の相対的正義の柱になっているものは、社会の通念であり、社会に広く（普遍的に）共有されている概念である。それはあらゆる専門領域で、「法」、「法則」、「尺度」、「基準」、「常識」、「一般形式ないし型」、あるいは、「知識」と呼ばれているものである。法律であれば、習慣法であったり、すでに裁判で議論済みの判例であったり、社会全体が正義の目安にしているものである。

しかしこの種の目安は、人工知能（ＡＩ）がもっとも効率的に学ぶ。したがって、社会常識に属する判断なら、これからはＡＩがもっともよい専門家になるだろう。なぜなら、それは大変なスピードで、しかも正確に既存のことばから学ぶ技術だからである。したがって既存の判例に基づく裁判は、ＡＩによる裁判がもっとも信頼されるものになるだろう。科学の世界で報告された研究結果にもとづく判断も、ＡＩがもっとも正確にできるだろう。研究の評価も、ＡＩがもっとも客観的にすることができるだろう。したがって専門の科学研究者も、ＡＩを真理発見のために大いに頼りにする。そして他の人々はそれを見て、自分たちもＡＩの判断にしたがって生きることが「科学的」だと考えて、疑わない。

しかし、法にもとづく善悪の判断ではなく、「いのち」に基づく善悪の判断は、ＡＩにはできない。ＡＩは、どのように工夫しても、やはり人間の「技術」に過ぎないからである。あらゆる技術は「両刃の剣」と言われる。技術からは、善悪いずれの結果も生まれる。科学が生み出した技術は、つねに、使う人間の判断に依って、良い結果を生みだすこともあれば、悲惨な結果を生みだすこともある。これは、さまざまな領域で人類が繰り返し経験してきたことである。

科学技術のうちでＡＩだけは知性的だという考えは、まったくの誤りである。ＡＩは技術に過ぎない以上、「これは良い」という判断の事例を無数に学ぶことはできるが、「この場合」という特定の現実をいざ目の前にしたとき、既存のものしかもたないＡＩは正しい判断をするための知識（判断材料）をまったくもたない。ＡＩの判断は過去の事例からの確率的に高い（平均的）判断に過ぎない。

「いのち」を基準とした善悪、美醜の判断は、習慣や法による判断とは別である。「いのち」を基準とした判断は、「今、ここ」に関しての絶対的な判断であり、神の判断である。「いのち」の判断だから、だれにとっても全身全霊の判断である。他者から「違う」と言われて変更を迫られる筋合いのものではない。なぜなら、それは社会の判断ではないからである。あなたの「いのち」による判断は、あなただけの判断である。ただ、その「いのち」は、他者の内にも在る「いのち」だから、他者からも崇敬されるべき判断である。なぜなら、それは神の判断だから。もしもその判断に難癖をつける者が居るなら、その人は「いのち」を見失い、「神から見放された」者、社会の有力者の意向に沿うことしか考えることができない者である。

この神の判断を自分の判断にするためには、社会の中で一度は人が見失った「いのち」を、再び見出さなければならない。そして見失った「いのち」を再び見出す方法として、イエスは「悔い改め」を行うことを説くのである。自分の心に起こる「悪い考え」を、本当に「悪い」と認めることが、「悔いる」ことである。そのときあなたの心は、罪深い考えを、その通りに「罪深い」ものと受け取ることができる心を取り戻す。

ヨハネやイエスの教えが起こる以前には、人は神に「自分の罪を免除してもらおう」と、神の姿を想像し、神の名をつぶやいて、神に祈り、神に懸命にすがっていた。そうすることによって、じつは何が可能になったかと言えば、「罪に対する免疫を獲得する」、すなわち、「心が自分の罪を見ないでいることができる習慣」を身に付けることだった。ヨハネやイエスは、そういう間違った努力を取り止め、むしろ罪深さを見出して、それを「拒絶する力」を、心が得る努力を始めることを、「悔い改め」という名で教えたのである。

たしかにおのれの罪を認めることは「辛い」ことである。しかしおのれの罪を受け取ることが辛いのは、心自身が罪を、本当は「嫌っている」からである。したがって、おのれの罪を心の内に見つけたとき、辛い思いを懐くなら、それは心自身がまだどこかで「善いはたらきをしている」からである。苦い薬は病を治す良薬であると言われる。罪を思い起こすとき、人の心は「苦い」思いを懐く。しかしそれは、病気を治すために目をつむって苦い薬を飲み込むときのようなものである。その苦さは、むしろ心の善さを取り戻すための良薬なのだ。したがってむしろおのれの罪に辛い思いを懐くことで、人の心は、神が作ったままの善き「いのち」を取り戻し始めることができる。

あなたの心が、その苦い薬を飲む勇気がありさえすれば、その薬は確実に効く。すなわち、あなたの心は、悪い考えをもつことを、おのずから拒絶することを学ぶ。なぜなら、心自身は神によって作られたものだから、教えられなくても、すなおに「悪い思い」を嫌気するからである。心自身は、もともと善く作られている。もともと悪い思いを嫌う。したがって、悪い思いを嫌うことは、誰にも強制されずに、自然にできることである。そして心自身が悪い思いを嫌えば、悪い思いはしだいに心から排除され、心の内に生まれて来なくなる。

そして自分の心の内に起こる些細な罪に、心はますます敏感になる。そういう力が身に付くようになる。そしてどんなに些細な罪でも、「おのれの罪」として自覚できるようになる。その数は無数、その種類は、十戒に揚げられた罪の種類すべてである。そして些細な罪も心に拒絶されるなら、しだいに心は善いものに、神に愛される心に改まる。天の国はそれだけその人のものになる。

以上が、イエスが「悔いる」と言っていることであり、時間はかかるが、この仕事をやり遂げるなら、心は「完全に改まる」。この項目で取り上げた「怒り」も、心の罪の種類の一つである。したがって、悔い改めをした心なら、イエスが言う「怒りを懐かない」ことは、少しもむずかしいことではない。その心は、すでに「悔いる」ことで、「怒りを懐くことが無い心」を、少しずつ取り戻そうとしているからである。

44……「姦淫」の罪

同じことが、「姦淫してはならない」という戒にも言える。

イエスは言っている。

「姦淫してはならない」と命じられたのを、あなたがたは聞いている。（マタイ５：27）

十戒を含めて戒とそれに付属する律の処罰については、七年ごとに、民衆の前で「申命記」が祭司によって読み上げられていた。そのことがあるので、「あなたがたは聞いている」と、彼は言っている。

続いてつぎのように言う。

しかし、わたしはあなたがたに言う。だれでも情欲を懐いて女を見る者は、その女に対し心の中ですでに姦淫の罪を犯したことになる。（同５：28）

イエスは、淫楽に耽る実際行為ではなく、つまり申命記に処罰の規定がある罪ではなく、「心のなかで犯す罪」を問題にしている。十戒の「姦淫」に関する戒についてイエスが教える対処の仕方は、殺人に関するものと同じである。それを「罪」として受け止め、あなた自身が罪を犯す自分をとがめなければならない。そうしないと、それを悪いと判断する「いのち」まで、自分の心の罪といっしょに深い霧のなかに隠してしまうことになる。そのとき、心は自分の罪も、自分の「いのち」も、一緒くたに見失ってしまう。そうすると、結局、自分の本当の心を失って、人は、生来の人間らしい判断ができない人間になる。

その人は、神から与えられた「いのち」の尺度が見つけられなくなり、善悪の判断が自分ではできなくなる。勢い、法律の条文や、周囲の人たちのようすを見て、それに機械的に従うことになる。法律に従っていればいいと考える役人や、それを見習う人は、この種の人である。当時のユダヤでは、パリサイ派や律法学者たちがとりわけその種の人々だと、イエスやヨハネは見ていた。

たしかに、周りに良い人たちが居れば、何の問題も起こらない。あなたは、その良い人たちの良い判断に同調するだけでいい。しかしあなたの周囲の人々が、たまたま無秩序な集団になったとき、自分に判断力が無いなら、あなたはどうなるかわからない。そこに悪い人が居て、その集団がその悪い人の判断に無自覚に従ってしまうことは、よく起こることである。あなたがふだんはおとなしく、いい子で過ごしていても、周りの悪い人にそそのかされて犯罪に走ってしまうことが、ふつうに起こる。

それゆえ、社会の混乱が予想されるなら、それだけ神から与えられた「いのち」を見て、それが発する判断を自分の善悪の判断として保つことができなければならない。それができなければ、自分の力で正しい判断をすることはできない。自分でできずに他者の判断に頼るなら、結局、あなたは集団の判断にしたがうほかない。しかし集団が引き起こす結果は、個人の判断の結果よりも大きなものになる。誤っていれば結果は重大である。あなたが混乱した集団の一員になって犯罪を引き起こせば、それはあなたにとって、どれほど悔いても収まらないほどの罪深さとなり、時が立って、一生の悔いになる。これは戦場を経験した人がもっともよく知ることである。したがって、誤るにしても自分個人の判断だけのほうがましである。そして、もしも自分の判断が正しいものになるのなら、それに越したことはない。それゆえ、イエスの教えた正しい道を進むことは、つねにより良い道を進むことである。

しかも自分の判断で正しい道を選択できるなら、「自由」は完全に成就している。真の意味で、自分自身が自由であることが実現している。間違った判断をしがちな状態では、決して自由とは言えない。間違った判断は、間違った結果を生むだけである。そして間違った結果は自分が望んだ結果ではない。したがって人はその結果をもたらした自分の判断を悔いるほかない。悔いるばかりで、「自由」を自覚することはできない。

正しい判断を自分の力で可能にするためには、今この状況で、自分が前にする相手に対して何をすることが善か、何をすることが悪か、神から自分に配分された「いのち」に、その答えを聴く力をもたなければならない。繰り返すが、それを可能にするためには、悔い改めが必要だ、というのがイエスの教えである。すなわち、おのれに対してすなおに、おのれの罪をおのれの心の内に見つけ出し、それを嫌気する力（悔いる力）をつねに発揮し続けることが求められている。

それがイエスの教えであり、その教えを学ぶことが、イエスの教えを学んで「自分が」その教えを長期にわたって修練して身に付けることである。そしてそれは、イエスが「あなたに」求めている修行なのである。

45……結婚と離婚

次のようにイエスは言う。

「妻を離縁する者は、妻に離縁状を渡せ」と、あなたがたは命じられている。（マタイ5：31）

前述したように、イエスが引用したような規定が申命記（24：1）にある。

そこでイエスは言う。

しかし、わたしはあなたがたに言う。姦淫以外の理由で妻を離縁する者は皆、姦淫の罪を犯す機会を妻に与えることになる。また離縁された女をめとる者も、姦淫の罪を犯すことになる。（マタイ5：32）

カトリック教会は離婚を認めない教義を持つ。その根拠がこの句である。

女性の地位が軽視されていた時代状況も、ここで述べられていることの背景にある。加えて、十戒その他の戒律を「法律」として解釈する一般世間の常識が、背景にある。

当時の「結婚」を規定する法律は、生まれてくる子供の社会的身分を安寧にするために、身分を超えない結婚を絶対のものにしていた。身分を超えない結婚によって社会が子孫を得ることで、社会は身分制度を維持し、社会を安定したものにしていた。法律は、この社会的意義を守ることが目的で作られた。それゆえ、法律が規定する結婚は、個人の「愛」を目的とするものではない。

表向き、正式の結婚を経た妊娠・出産は次世代を得る社会の喜びとして迎えられる。子の誕生は社会の喜びであり、人は一般にこの喜びを共有している。特に出産自体を経験しない男が自分の子を得る喜びは、もっぱら社会の喜びの共有である。これに対して子の出産を一対一で経験した女の喜びには、一人の自分自身の「いのち」が経験する喜びが混じる。しかし男には、社会の喜びの共有しかない。そしてこの社会経験を通じて、「情欲で女を見る」心の経験が、世間にも妻にも「赦される」という快楽を、男は見つける。

この経験によって心が増長すると、快楽目的のずるい考えが男の心に芽生える。つまり相手が「妻」という地位にあれば「姦淫の罪が赦される」という考えである。結婚した妻にあきて、別の女に懸想した男が、「姦淫の罪を避ける」ために別の女との正式の結婚を求めて既婚の相手と「離婚する」という考えが、正義だと考える。しかしそれは神に対して「戒」を守る正義ではなく、快楽を目的とする不正義に過ぎない。

法律は発言を含めて傍目に分かる身体行動を規制することができるだけである。たとえ心は視線に現れるとしても、それを確実に犯罪の証拠にすることはできない。したがって離婚された女を見る男の目は、法律で制御できない。しかし離縁されたと知った女の処遇を巡って、心の罪はさまざまに生ずる可能性がある。結婚、離婚を巡って心の内には「姦淫の罪」が、人目には隠れてさまざまに発生する。

同様のことは、偏見にもとづく差別の発生にも言うことができる。心の内に作られた偏見は、それが原因（根拠）となって、さまざまな人の差別扱いを引き起こす。実際行動に現れた差別は法律で規制できるが、その原因となった偏見は心の内に在って、規制することができない。したがって日常化する差別は、原因が残る限り発生し続ける。行動しか規制できない法律は、それを抑制することができない。

おのれの心を見直し、心の内に隠された罪（不正）のはたらきを自分が見つける力をもたなければ、差別はなくならないのである。

46……誓うな

すでに述べたように、古代ユダヤ民族は国家を失う経験をした。そのとき、武力による民族の維持ではなく、信仰による民族の永続を選んだ。その発端が「預言者の時代」である。イザヤ、エレミヤ、エゼキエル、などなど、さまざまな預言者が現れ、人々に「神を裏切るな」と呼びかけた。国家を失っても、礼拝すべき同じ神を信じ続けることが、自分たち（ユダヤ民族）にとっての救いだと教え、その実現を求めた。この預言者たちの主張が、武力では大国にかなわないと知った大勢の人々に、結局、受け入れられ、ユダヤ人の新たな歴史が始まったのである。

とくに捕囚され、新バビロニアやペルシアといった大帝国の力を目のあたりにした人々が、預言者の主張に賛同したことが大きかったと、想像できる。たとえば日本はかつてまず朝鮮半島で大陸の勢力に負けた（白村江の戦い）。あわてて対馬や九州に防衛の拠点をつくるとともに、大陸からの文化、技術を取り入れて国内を秩序付ける（指示系統を明確にする）ことに熱心になった。最近では、日本はアメリカという大国に負けて、その力の源泉を知った。日本は占領下、独立自尊よりもアメリカという大国のもつ技術を取り入れるために、寝る間を惜しんではたらいた。アメリカを見習って他国に負けない経済力を得るためである。同様のことが、宗教に関してユダヤに起きたのである。

しかし宗教で民族の存続をはかるなら、同じ神の信仰を人前で口に出して「誓う」のでなければ、民族が宗教で一致できているかどうかわからない。したがって、当然、ユダヤ教会はユダヤ民族のあいだで決めた約束事を、人前で誓って見せることを人々に求めた。

イエスはこれに反対した。

それゆえ、つぎのように言われる。

「偽りの誓いをしてはならない。誓ったことは主に対して果たさなければならない」と、昔の人々が命じられたのを、あなたがたは聞いている。（マタイ5：33）

しかし、続けてイエスは言っている。

しかし、わたしはあなたがたに言う。けっして誓ってはならない。天にかけて誓ってはいけな

い。(12)(同5:34)

イエスはこのあと、次のように言っている。

あなたは髪の毛のひとすじでさえ、白くも黒くもすることはできないからである。(同5:36)

イエスは、人は自分が何事でも左右できると、つい思いがちだと言う。それは自分の力を知らないからであり、たんなる慢心だと言う。自分の生は、それがいつ起きたことか、自分の死は、いつ起きることか、だれも知ることができない。わたしたちはいつの間にか生きているわたしを見出し、いつ自分が死ぬことになるか、知らずに生きている。また年齢を重ねて髪の毛も白くなり、身体が弱り、老化していくことは、神がわたしたちに与えた「いのち」のはたらきであり、わたしたちの思いのままにならない。わたしたちが現実に生きている日々は、そういう日々である。

ところが、口に出して人前で「誓う」ことは、それが自分の思いのままになることが前提である。昨日と同じように元気で、同じように働き、同じように力をもつことができることを、さもそれはこれからも永遠に続けることができるかのような顔をして、人は人前で何事かを誓う。他人から見れば実現することができそうにないことでも、人は誓うことができる。しかし「誓う」ことは、「命がけ」の意味がある。誓った通りにできなかったときには、どんな罰も覚悟しなければならない。

しかし、以上のような意味で「誓う」のは、神との約束を人前で確かにすることのように見せかけて、じっさいには「人との約束」を、人間の「罰則付き」で確かなものにすることでしかない。この点では、「誓う」ことは、「信仰」を「見せ金」にして支払いを約束する行為と見ることができる。しかし、「信仰」を「見せ金」扱いすることは、神に対する冒瀆である。したがって神の名を持ち出して誓うことは、その実現が絶対であるかのように、じつは見せかけているだけである。イエスの視点からは、それは不信仰の罪である。

同様に、生死も老化も、神がくれた「いのち」の思いのままであって、わたしたちの自由にならないことを認めようとしないのは、あるいは、認めたくないと思うことは、神を否定する思いである。

したがって生死にかかわる重大な事が思いのままになると考えることは、すでに述べたように、ただの「不信仰」にほかならない。じっさい、生死を含めて重大なことがらを「すべて神にまかせる」ことが、神という上位の者に、真に従順な態度をとることであり、疑いようもなく「正しい信仰」である。したがって、その反対に、何であれ、あなたが口に出して人前で誓うとすれば、あなたは技術を誇る人間社会の権威のほうを認めて、本当は神を信じていないことを神に向かって誓っていることになる。

47……悪人に逆らうな

わたしたちは周囲から、しばしば「嫌なことをされたら、同じだけ嫌なことを返してやれ」と教えられている。それはハムラビ王の法概念「目には目を、歯には歯を」（同害復讐法）を正義と考え、それが人口に膾炙しているからである。日本でも世界史で習う。人類に共通の常識かもしれない。イエスは次のように言う。

「目には目を、歯には歯を」と命じられたのを、あなたがたは聞いている。[13] しかし、わたしはあなたがたに言う。悪人に逆らってはならない。もしだれかが、あなたの右の頬を打ったならば、他の頬をも向けなさい。（マタイ5：38−39）

ここでもイエスは法が示す社会常識を否定している。悪いことをされても、それを甘んじて受け止めろと言う。相手がしたいようにさせ、何なら自分のほうからも、進んで相手がしたいことをさせなさいと言う。

あなたから下着を取ろうとする者には上着をも取らせなさい。だれかが無理に一マイルの道を歩かせようとするなら、いっしょに二マイル歩きなさい。求める者には与えなさい。あなたか

ら借りようとする者に、背を向けてはならない。(同5:40-42)

人間が悪いことを他者に対してするのは、相手が嫌がることをしたいという欲望に基づくことが多い。相手がそれを嫌がらないと、自分が何のためにそれをしているのか分からなくなる。一方で、イエスは下着も上着も、自分の所有であるという意識を捨てるようにと、教えている。そしてその意識がなければ、「自分の所有物を取られる」という被害者意識も生まれない。したがって、すべては神のものであると、正しい認識をもち、自分の所有だという認識を捨てることを、心を改めた結果としてもつべきである。この結果を得ているなら、何を取られても、自分のものではなかったのだから、抵抗する必要はない。

むしろ抵抗しないことで、悪いことをしようとした人間に、自分のしていることを自覚させる機会を与えることができる。なぜなら、人は、相手が嫌がることをすることで自分の力を誇示するつもりだったとき、相手が嫌がらないと、自分の力を誇示することが出来ないことに気付き、その経験から当人は、自分の行為について反省する機会をもつからである。

ただし、所有に関しては以上のようであるが、「いのち」を傷つける行為については、別である。イエスは右の頬を打たれたなら左の頬を出せと言って身体の傷害までは受け入れるように言っている。とはいえ、すでに触れたように、「殺すな」という戒律の成就との線引きは必要である。問題を確認しておこう。イエスの言っている「目には目を、歯には歯を」は、申命記(19:21)では、「命には命、目には目、歯には歯、手には手、足には足をもって償わなければならない」と、述べられている。イエスが、「命には命」の一句を除いていることに注意しなければならない。

すでに説明したように、法律と処罰の関係は、法に反する行為に対して、処罰を国家権力の力をもって行うと約束することで、国民にすべからく法を守らせる関係にある。法が制御しようとしているのは実際行動である。これに対して処罰もまた、実際に執行されることで、法律を守らせる力がはたらく。

それに対してイエスは、心の中で犯罪を起こすことを非難する。罰は、神に見放されることによってすでになされていると見る。そもそも人の心が罪を犯してしまうのは、罪を絶対的に否定する神から当人がすでに見放されているからだ、という理解である。イエスは、犯罪を起こす人間に、そのことを気付かせるために、さまざまな教えを示す。じっさい犯罪を起こす人間は罰を与えることで社会の安寧を維持する社会体制の中で、「いのち」の善悪の規準を見失っている。そしてそのために「真実に生きる」ことができなくなっている。自分に与えられた「いのち」を尺度として善悪を判断することができなくなっている。そのことに気付かせるためには何が有効か。

人は分業体制の社会の内に育つことによって、この社会がもっている市場経済のはたらきを受けて、「金銭価値」、「財産価値」を生きる指標にする。その所有を人が生きている価値と思い込む。実際に社会は、それなしには食べていけない体制を整えている。すなわち、金銭なしには人が身体を保つことができない分業体制をとっている。しかし、金銭の所有を生きる上での基本的尺度と考えることは、真実を見失っている。イエスは、それこそ人が神に見放されている事態だと、考えている。つまり不安と焦燥が心を支配する不幸な状態だと、イエスは考えている。

市場経済が金銭による交換で成り立つ世界は、物質的価値を尊重している世界であり、「いのち」の価値を見失う世界である。目に見える身体的価値を尊重してその裏にある目に見えない心の価値を見失う世界である。イエスは、身体的価値の尊重から心の価値の尊重に、心を改めることを教えている。頬を打たれることを怒るのではなく、そんなことには意味が無いと無視する態度をとるように、人の心を促す。つまりイエスは決して「頬を打たれて」もがまんしなさい、と言っているのではなく、おそらく、そんなことでは自分の心の幸福が奪われない生き方をしなさいと、言っているのである。

48……あなたの敵を愛しなさい

すでに「殺すな」についての説明で、「怒るな」と言われていた。ところで、殺害をもたらす「怒り」を心が懐かないことは、相手を「敵視しない」ことである。「敵視しない」なら、相手を「憎んでいない」。そして、相手を憎まないなら、相手は、もはや「あなたの敵」ではない。それゆえ、「汝の敵を愛せ」という教えは、すでに大方、説明されている。

しかし、マタイによる福音書に記された言葉に沿って、再度説明しよう。

イエスは、一般に言われている（聞かれている）ことをまずは述べる。

「隣人を愛し、敵を憎め」と命じられたのを、あなたがたは聞いている。（マタイ5：43）

「隣人を愛し、敵を憎め」の出所は、現代に伝わる旧約聖書の記述には無い。少なくとも七年に一度、公開の場所で民衆を集めて読み上げることを定められた申命記（申命記31：10以下参照）には無い。それゆえ、おそらく一般世間に言われている常識の意味でイエスは言ったのだろう。敵と味方を区別をすることは、現代でもあらゆるところで起きている。

イエスは、言う。

しかし、わたしはあなたがたに言う。敵を愛し、あなたがたを迫害する者のために祈りなさい。……天の父は、悪人の上にも善人の上にも太陽を上らせ、また、正しい者の上にも正しくない者の上にも、雨を降らせてくださるからである。（マタイ5：44-45）

続けて次のように言う。

自分を愛してくれる者を愛したからといって、あなたがたに何の報いがあろうか。徴税人でさえも、そうするではないか。また、自分の兄弟にだけあいさつしたからといって、何か特別なことをしたのだろうか。異邦人でさえも、そうするではないか。だから、天の父が完全であるように、あなたがたも完全な者となりなさい。（マタイ5：46-48）

キリストの教えとして「隣人愛」は有名である。しかし「隣人」を「兄弟」のこと、あるいは、それと類似の家族や仲間のことで受け取るなら、「隣人愛」は何ら特別なことではないと、イエスは言う。当時の人々は徴税人をローマに雇われた役人だと見て軽蔑していた。しかし彼らとて、互いにあいさつし、助け合っていると、イエスは指摘する。イエスは、自分たちが敵視している相手も、自分たちと同じように、仲間どうしでは隣人を愛していると言うのである。

イエスはそれではだめだと考えている。「隣人愛も完全でなければいけない」と言う。つまり相手を「敵」と見立てて「隣人」の枠からはずすのではなく、「敵」を「隣人」のなかに含めて、「敵でない」ものにしなければ、完全な「隣人愛」にはならないと言うのである。

しかし、ある者が「敵」であるのは、理由は何であれ、自分が嫌っていて、憎む相手だから「敵」なのである。その憎んでいる「敵」を「愛する」とは、どういうことを言うのだろうか。

これはだれもが疑問に思うことだろう。

しかし、イエスはそれがどういうことかを、はっきり述べている。「天の父がしているように、善人に対してするのと同じことを、悪人にもすることだ」と言っている。善人とは、善いこと、正しいことをする人であり、悪人とは、悪いこと、間違ったことをする人である。ところが天の父は、正しい者にすることと同じことを、正しくない者にもしている。天の父は、どちらにも太陽を昇らせ、雨露を与える。ところで、通常、「善人に対してすることは、善いこと」、「正しい者に対してすることは、正しいこと」である。したがって、それと同じことを悪人に対してするとは、「悪い者に対して、善いことをする」、「正しくない者に対して、正しいことをする」ということである。

イエスは、このようにすることが、天の父と同じように、完全な者になることだと言っている。つまり、敵と味方の区別なしに、誰に対してであっても、「正しいこと」、「善いこと」をすることが、完全な者になることであり、「敵を愛する」ことだと、言うのである。すなわち、「だれに対しても、正しいこと」をすることが、「敵を愛する」の意味である。だれに対しても正しいことをする人は、誰から見ても「正しい人」である。したがって、その人は、たしかに完全な意味で「正しい人」である。

しかし、この「正しい人」は、ふつうの不完全な人から見れば、敵と味方の区別もつけられない「愚かな人」である。すなわち、イエスの言う「敵を愛せ」は、普通の人には、優れたこととは理解されない。その理由は、彼の言うことが、敵と味方を見分けることができない「無能さ」を求めていると、認識されるからである。

社会に生きる普通の人は、自分は大人として、当然の認識（社会常識）を持ち合わせているという自尊心をもつ。敵と味方の区別をして対処することは、社会人として必要なことであると考える。なぜなら、それは社会正義を守り、社会にとっての不正義を懲らしめることだからである。あるいは競争相手に勝って自分たちの社会がより多くの利益を得ることだからである。そしてこの自尊心を可能にしている共通の認識は、社会常識と呼ばれ、それを作っているのは無名の人々を結び付けている「ことば」の力である。

日頃耳にしている「ことば」が、人々に共通の認識を教え込み、同じ集団で生きる技を与えている。人々は同じ集団のうちでむつみ合い、自分たちの社会を最高のものと語り合う。すなわち、この集団的自己認識によって、敵と味方が「正義」の名のもとに区別される。日頃から顔を合わせている互いの仲間意識が、その一員であるという自尊心を作り出し、出身が異なる、肌の色が異なる、さまざまな異なる人に対する偏見を作り出す。そして、自己が属する社会の「愛国心」を作り出し、他国のうちに「敵の国」を見出す能力が、そこから生まれ、敵国に対する敵対心が醸成される。

一方、この一般人の自己認識（社会の一員であるという自我意識）が、まさに自分の心の内に潜んでいる「罪」に気付くことを妨げている。自己の内に潜在する本当の「いのち」を見出すことを、じつは妨げている。「いのち」を見出すことができない「無能さ」がそこに在る。ヨハネとイエスが非難するのはこの無能さである。したがって、逆に言うと、大衆が「正義、不正義を理解しない、敵と味方を区別できない無能さだ」と非難する無能さこそ、イエスがもっていた「神聖な霊の能力」である。

それは、自我意識、集団的自尊心をもたない能力であり、神が与えた「いのち」を知る能力である。それは人類が誇るさまざまな「知識」をもつこと――この「知識」によって人は分業体制の社会の中で一定の専門家となって給与を得ている――で、傲慢になってしまった大人が、まさに失っている心の純粋さである。ときに天才的芸術家が発揮する天衣無縫の能力である。

自分の内に「いのち」を見出すことと、イエスの「無能さ」（＝「幼さ」）を身に付けることは、同じことである。人間社会は、他の生き物をおしなべて自分たち以下の幼稚な「いのち」だと、受け取っている。その「いのち」を「無能」と受け取って軽蔑している。しかしイエスの無能さを身に付けることは、神が生き物すべてに配分した「いのち」をすべからく知ることである。そしてその「いのち」は、神の知恵を各自に与えている。

したがって、それを見出す能力は、大衆が社会の中で人間らしいと評価される日々を過ごす能力とは、異なる能力である。すなわち、仕事の多忙さにかまけて、あるいは仕事の能力を高めようと努力することによって、日頃見失っている「神のいのちの」生き方を、回復する能力である。人は人間社会の動きに目を奪われている。そのためにほかの生き物の生き方に気付かずに生活している。

ほかの生き物は、敵味方の区別をして生きていない。たしかに、ほかの生き物にも、相手に依る反応の違いが見出される。人間は、それを敵味方の違いとして理解する。たとえば虫をついばむ鳥は、虫の「天敵」だと言う。しかし、生き物に見られるその反応は、相手を「敵と味方」の違いで区別している反応ではない。種の違いから生まれている反応に過ぎない。たんに、相手のはたらきの違いによって自分のすることを変えているに過ぎない。あるいは一定の集団をつくることが他の種との間に適度な関係（自然生態系をつくる関係）をつくるために、必要となっているからに過ぎない。じっさい、知識によって「敵か、味方か」を区別する知性は、人間だけのものである。ペットの犬は、飼い主からそれを学ぶことはあっても、その学びは、生き物本来のものではない。

そして人間だけがしているこの「複数の人間をひと括りに互いに類別する」認識は、分業体制の社会を一定の秩序あるものとするうえで、人間には必須の認識である。それゆえ、社会は人々に、この認識を身に付けることを、日々、求めている。この求めに応じられる人間が、社会に評価されて仕事ができる人間である。

49……善い行い、苦行を見せびらかすな

人は無名の人々の集団である社会の中では、自分は社会に役立つ人間であると、外に向かってアピールし続けなければならない。分業体制の一端を担うことができることを外部の他者に訴え続けなければ、他者に評価されず、分業体制の社会の一員にとどまることはできない。それが社会の中で一定の職に就いて給与を得ることなのである。

他方、おのれの罪を自覚することは、おのれの「いのち」に向き合うことである。この二つは、心が向ける方向としては、逆である。一方は周囲の人々が示す自分に対する表情、評価を配慮する方向であり、他方は、他者の言うことは気にせず、自分の内に在る一個の心を配慮する方向である。

大衆は、「隣人愛」は前者の方向で、隣人を気遣い配慮することだと考える。しかし、おのれの罪を自覚することで生まれる「隣人愛」は、むしろおのれの心の真実に向き合うことで生まれる「自分と他者の双方に等しく向ける愛」である。なぜなら、この愛は、自分が「社会の良き一員」となるための愛ではなく、神がつくった「自分（いのち）である」ための愛だからである。

この自分は、同じように神に作られた「いのち」である自分と他者を、国の違いを超え、敵と味方の区別なく愛する力をもつ。「社会に役立つ人間と役立たない人間」を区別することなく、広く人間を愛する主体が、イエスが求める隣人愛の主体である。さらに、隣人愛は、「人間か、そうではないか」という区別をもたずに、生きているものすべてを愛する愛である。なぜなら、「いのち」

は、広くバクテリアからクジラまで「在る」からである。その愛をもつ自己は、本来の「人間主体」——人間の身体をもち、「いのち」から生じる主体性をもつ姿——を回復した自己である。

ところで、大衆は、自分が社会に役立つ人間であることを社会に向けてアピールする。そのために、常に行動で、他者に見える仕方で、社会が求める「愛」を、あるいは「信仰」を、あるいは「祈り」を、示そうと努めなければならない。「隠して」いたら、信仰において一致している集団のなかで疑われ、その社会から排除される。しかし、おのれの「いのち」に素直な人間は、かならずしも社会に従うことができずに、ときに一人になりがちである。しかしその一方、おのれの「いのち」を知るものは、自分を含め、誰に対しても正しいことをすることができる。したがって、そのような人は、あらゆる差別をもつことがなく、仕事ができないために無能に見えるが、誰にとっても「善い人」である。

社会正義を名乗って正しい差別、区別にこだわる人は、たしかに社会の一員である能力がある。しかし、差別も区別もせずに正しいことをしようとする人の「善さ」を、その人は認めることが出来ない。愛国心がないとか、自己卑下が過ぎるとか、自尊心を失っているとか、非難する。このように言う人は、社会で有能な一員であろうとしている。そしてそういう人は、有力な人におもねることができる。しかしそのじつ、何が真に善いことか、美しいことか、自分では判断できない。自分の目で、自分の耳で、真の芸術美を見分けることはできない。あるいは自然の美しさを見つけることができない。有力な評論家の意見を知って、口でそれに従うだけである。つねに有力な他者に相談をもちかけ、協力を約束し、また協力を依頼する姿を人に見せる。社会で有能な人とは、このように、社会生活の能力だけが飛びぬけている人である。

しかし、すでに述べたように、十戒の内、第二戒と第三戒は、信仰を隠しておくことを神が命じている。イエスは、その成就を求める。

あなたがたは、人々の前で自分のよい行いを見せびらかさないように気を付けなさい。（マタイ6：1）

あなたが施しをするときは、右の手のすることを左の手に知らせてはならない。これはあなたの施しを隠しておくためである。そうすれば、隠れたことをごらんになるあなたの父は、報いてくださるだろう。（マタイ6：3-4）

あなたは祈るとき、奥の部屋に入って戸を閉め、隠れた所においでになる父に祈りなさい。そうすれば、隠れた行いをごらんになるあなたの父は、報いてくださるだろう。（マタイ6：6）

断食するとき、偽善者のように暗い顔つきをしてはならない。彼らは断食していることを人々に見せるために、暗い顔つきをする。（マタイ6：16）

すでに述べたように、イエスが言う「あなたの父」は、「あなたの神」である。そして「あなたの神」は、「あなたのいのち」を通じて「あなたの行い」を見ている。このとき、「あなたの行い」が「あなたのいのちの行い」そのままならば、「あなたのいのち」は、苦しむはずがない。むしろ「あなたのいのち」は「あなたが生きるはたらき」のうちに、歪められることなく、在り、はたらくことができている。それがイエスの言う「幸いである」の意味である。

それは、社会のなかで生き延びるために「他者にはしゃいで見せる喜び」ではない。あるいはまた、「暗い顔をして苦しみを耐えている姿を他者に見せる喜び」でもない。神との関係は、心の内に秘密にされる。それは十戒の第二戒、第三戒で神が人間に求めていることである。したがって、神との確かな関係は、他者の目には映らない。それがもつ喜びも、他者の目には見えない。「あなたの」姿にも行動にも現れない。その喜びは「あなたの心の内」に隠れた「あなただけの無苦の喜び」である。それが、「あなたの父があなただけに報いてくださるもの」である。

神は、あなたと、つねに一対一でのみ、存在するのである。

50……裁いてはならない、人を赦す者は赦される

イエスの教える「悔い改め」は、心を改めるためには何より先に、おのれの心にある罪・不正を省みなさい、という教えである。それより先に他者の罪・不正を見つけて、あげつらってはならない、という教えである。また、まず自己を省みて、自己を評価しなさい、そしてそのとき見つけた評価の量り（尺度）で、他人を評価しなさいと言う。神はあなたがそのとき見つけた量りで、あな

たを量るのだからと、イエスは言っている。

すでに述べたように、自分の内に見出すことが出来る「いのち」が、善悪の判断について神と同じ判断をそのつど下す。それゆえ、つぎのように言う。

裁いてはならない。そうすれば、あなたがたも裁かれないだろう。あなたがたが人を裁くように、自分も裁かれ、あなたがたが量るその枡で、あなたがたも量り与えられるのである。（マタイ7：1-2）

イエスは大工の息子として生まれたと言われている。なるほど、次に引くことばのうちに、「おがくず」という、大工が木を削るときに出す「木くず」を、イエスはたとえに出している。

兄弟の目にあるおがくずは見えるのに、なぜ、自分の目にある丸太に気付かないのか。自分の目に丸太があるのに、兄弟に向かって、「あなたの目からおがくずを取らせてくれ」と、どうして言えるだろうか。偽善者、まず自分の目から丸太を取り除け。そうすれば、はっきり見えるようになって、兄弟の目からおがくずを取ることもできるであろう。（マタイ7：3-5）

じっさい、小さな木くずが目に入ったとき、イエスもだれかに取ってもらったことがあるのだろう。言うまでもなく、木くずが目に入ると、痛くて目が開けられなくなる。そのときは、木くずが入っていない目をもつ人が、木くずが入ってしまった目から木くずを見つけて取り出す。

しかし、イエスは、そのとき、目が見えていると思っているその人の目には、じつは大きな丸太が入っていて、本当は他人の目の中の木くずよりも、自分の目の中のそれを先に見つけるべきであるのに、その人は見つけられずにいると言う。このとき「丸太」というのは、じつは自分の視野をゆがませてしまっている「大きな罪・不正」である。それは万を超える人間がつくり出す巨大な人間社会から多くの人が学ぶ不正である。

つまりここでも、自分の心の内にあって、ふだんは気付かずに見過ごしてしまっている自分の罪を、まず先に見つけ、それを「悔いて」、自分の心からそれを除いたあとでなければ、ほかの人の心の罪を取り除くことはできないと言う。そもそも自分の心の目を覆い隠している自分の罪を取り除かなければ、他人の「過ち」を見つけることはできない。見つけることができなければ、それを取り除くことなど、ましてやできないと言う。

また、イエスが「裁いてはならない」と言っている意味は、罪を犯した者を「処罰しようと欲する」ことを、してはならないと言う意味である。すでに説明した通り、イエスにとっての戒は、個人にとっての信仰の正しさの基準であり、指針である。ユダヤ教会が律として解釈しているように、社会の安寧を目的とした個人の行動制限を示すものではない。したがって、イエスにとって戒に違反するとは、人間社会によって処罰されることではない。

すでに述べたように、イエスによれば、戒は、神と自分の心の一対一の契約条項である。戒に違反することは、その契約違反でしかない。そしてこの契約の当事者は、神と自分しかいない。したがって神の処罰は有っても、契約当事者ではない人間社会による処罰はありえない。

むしろイエスによれば、戒を完全に守ることができる心は、「悔い改めた心」だけである。したがって、悔い改めが無い人の心は、大方、戒律違反を繰り返す。つまり大方は「罪びと」である。「罪びと」には、もともと他者の罪を裁く資格はない。人間社会の法律でも、裁判官本人が犯罪者であってはならないことは自明である。しかも、人の心に巣くった原罪のはたらきは、簡単には悔い改めて解消することはできない。一度や二度の悔い改めで、戒を完全に成就することはむずかしい。

したがって、神に代わって他者の罪を裁く資格をもつ人は、社会の中に、ほとんどだれも居ない。むしろ人は、いっとき、おのれの罪を悔いることで、そのいっときのみ、自分の罪を神にゆるしてもらうことができるだけである。そして「そのとき」は、自分に悪いところがあることを悔やんでいるときだから、他者の罪を処罰する意欲は消失している。つまり他者の罪を見ても、その罪を「ゆるす」ほかない状態に、じつは自分がある。

すでに述べたように、このとき、人はおのれの「いのち」に触れている。その「いのち」は、各自の自分を「生かす力」である。そして「生かす力」は、相手が他者であろうと自分であろうと、「いのち」を「破壊する力」には決してならない。その「いのち」は、自分と他者の「いのち」に共通のもので、どれも各自を「生かす力」でしかない。そしてそうであるなら、この「いのち」は、他者を「処罰しよう」とは欲さず、むしろ「ゆるす」ことを欲する。

一方、この「いのち」を見ようとせず、そこから遠ざかろうとするなら、人は他者の罪を赦す力を失って、ひたすら他者の罪をあげつらい、非難し、処罰することを欲する。そしてこの状態は、心が神を見ようとせず、神から遠ざかろうとしていることである。つまりその心は、神を信じているのではなく、神を拒絶している。

じっさい、この赦す力となる「いのち」は、見えない「神」であり、そのはたらきは、キリスト教では「聖霊」のはたらきと言われる。

それゆえ、つぎのように言われている。

もしあなたがたが人のあやまちをゆるすならば、あなたがたの天の父もあなたがたをゆるしてくださるだろう。しかしあなたがたが人のあやまちをゆるさないならば、あなたがたの父も、あなたがたのあやまちをゆるしてくださらないであろう。（マタイ6：14–15）

だから、あなたがたに言っておく。人の犯すどんな罪も冒瀆もゆるされる。しかし、聖霊に対する冒瀆はゆるされない。（マタイ12：31）

聖霊のはたらきとは、おのれの罪を悔い、心の内で罪を罪と認識して、心が正しい判断力を取り戻すことによって、自分と他者の罪をゆるす「いのち」のはたらきである。ところで、その聖霊を冒瀆するとは、この「いのち」のはたらきを軽蔑することである。それは、社会の中で社会正義を守って来た自分に対して懐く「自尊心」が、自分の罪を悔いることから起こる「他者の罪をゆるす愛のはたらき」を、ゆるさないことである。すなわち、既存の社会的自己のままで居ることを選ぶ「自尊心」が、自分の中に在る聖霊（いのち）がはたらくことを邪魔するのである。

人を生かす聖霊（いのち）のはたらきを止めれば、他者の罪も自分の罪もゆるすことができない。罪をゆるすことができない者は、他者と自分を罰する。言って見れば、自分の心を「半殺し」にする。すなわち、聖霊のはたらきを否定すれば、その時はその人の心は神から見捨てられた状態にある。天の国から追放された状態にある。その人は原罪から生まれる不安を負い続ける。無事に人間社会の中で生きて行けるかという不安から逃れることができない。イエスの忠告は、こうした忠告である。

それは、旧約聖書の創世記で、弟を殺してしまったカインに対して、神が述べた忠告の焼き直しである。

主はカインに言われた。「どうして怒るのか。どうして顔を伏せるのか。もしお前が正しいのなら、顔を上げられるはずではないか。正しくないなら、罪は戸口で待ち伏せており、お前を求める。お前はそれを支配しなければならない。」（創世記４：６-７）

また次のような問答が、シモン・ペトロとの間にある。

その時、ペトロはイエスに近寄って、「主よ、兄弟がわたしに対して罪を犯したならば、何回までゆるしたらよいのでしょうか。七回までですか」と尋ねた。イエスは答えられた。「わたしはあなたに言う。七回どころか、七の七十倍までも」と。（マタイ18：21－22）

ペトロが言った「兄弟」というのは、家族的仲間のこと、弟子仲間のことだと思われる。そして「七」は、太陽と月を含め、比較的近くに見られた天体の数であり、その意味で聖なる数である。ペトロとしては天空の星の数だから厳粛な数と見て、七回と言ったのだろう。しかしイエスは、そのような限定した数を否定して、「七十倍」という数を出した。「七の七十倍」は、単純に無数に近い数を意味している。イエスによれば、聖霊のはたらきで自分が赦されるためには、聖霊のはたらきで人を赦すことができなければならない。そして聖霊のはたらきは、神のはたらきだから、永遠的であって、限定されない。

ペトロは、とてもそんな教えにはついていけないと思い、戸惑ったことだろう。

ペトロの教会にもあった教会の会員同士の仲たがいは、「きわめて厄介なできごと」であった。ペトロは、一度くらいはがまんできると考える。しかし、二度三度となれば、不快さが積み重なり、我慢の限度が来る。日本では、俗に「仏の顔も三度まで」と言われている。ペトロが「七回」と言ったのは、相当踏み込んだ回数だった。ところがイエスは、それをはるかに超える数を出したのである。ペトロはあきれるしかなかったかもしれない。

51……救いへの門

繰り返すが、イエスは「悔い改め」を教える。それが救いに至る確実な「道」だからである。ところで、この道の入り口には「門」がある。

イエスは、この門について、まず次のように言っている。

求めなさい。そうすれば、与えられるであろう。捜しなさい。そうすれば、見つけるであろう。叩きなさい。そうすれば、開かれるであろう。だれでも、求める者は受け、捜す者は見つけ、叩く者は開けてもらえるのである。（マタイ7：7－8）

自分が人生の最中に在って、そこにさまざまな苦悩を見出すなら、人は救いを求める意欲を生じる。その意欲が向かうところに、救いの道に至る入口が必ず見つかると、イエスは言う。ところがその入り口には門があって、扉が閉まっている。扉が閉まっているので、遠くからはその向こうに救いの道があることが見えない。しかし救いを求める意欲がしっかりとしたものなら、かならずそこに救いの道の入り口となる門があることを、遠くからでも、人は捜しまわって、結局は知ることができると、イエスは言う。人生に悩むようになった人間が、たとえば人生のどこかの時点で、聖書を見つけて開いてみることが起こるように。

門の扉は、今は閉まっていても、自分の意欲が大きいものであれば、その扉を開けてもらうために必死で扉を叩く。扉は、じつはカギがかかっていない。いつでも開いている。したがって叩いてみれば、扉はその場で開かれ、難なく、あなたは開いた門の先につづく道を見ることができる。そのようにイエスは言う。

冬の北海道で生き抜くキタキツネは、雪原の下にいる餌のネズミのかすかな動きを聞き取り、においを嗅ぎつけ、慎重に位置を見極め、飛び掛かって見えないネズミをつかまえることができる。ヨーロッパでは、豚やイノシシが嗅覚で枯れ葉の下に隠れたキノコを見つける。動物は、自分の「いのち」が求めるものを、それが目には見えなくても、見つけ出し、つかまえる能力を生まれながらにもっている。人間も同じである。「いのち」が求めているものは、「いのち」を解放すれば、その「いのち」自身の導きがあって、見つけ出すことができる。

ちょうどミツバチが放たれれば、蜜の在り処を見つけ出すように、人間は、自分の中にある「いのち」が自由であれば、言い換えると、罪を悔いて、罪から自分の「いのち」が解放されていれば、「いのち」は自分が求めているものの姿やにおいが分かっているので、それを見つけることが出来る。そしてそれをとらえることができる。とらえたなら、その「いのち」が作っていたもの(ミツバチの場合は、植物が作っていた蜜)を自分の「いのち」に加えて(食べて)、生きることができる。

とはいえ、動物の世界でも見られることであるが、まだ子供の間は、自分で餌を見つけても、それをうまくとらえてうまく口に入れることができない。そういう幼少時代は、動物たちも、まだしばらく親の口から餌をもらう。

人間にとっての「救いの門」にも同じようなことがある。救いの道は最後まで目に見えない道である。心だけが見つける門であり、道である。動物の親が子供に教えるように、「親」となって「いのち」を見つけてくれる親切な人間は、罪を産みだすばかりの人間社会にはあまりいない。どんなに心がひもじく、寂しくても、その門を自分が見つけ、入って、自分の努力で道をたどらなければ、天の国（いのち）に人は入ることができない。

イエスはつぎのように言う。

狭い門から入りなさい。滅びへの門は広く、そこに通じる道は広々としていて、そこから入る者は多い。対して、いのちへの門は狭く、そこに通じる道は細くて、それを見つける者は少ない。（マタイ7：13－14）

つまり、見つかる門はカギがかかっていないので、その気になれば簡単に入ることができる。しかし、そこから始まる「いのち」へと続く道は、歩むに楽な道には見えない。じっさい、広々とした道を歩くことに慣れている人間には、狭く、寂しく、辛い道行に見える。だから、この道を見つけて歩む人間は少ないと、イエスは言う。

V

イエスのたとえ話

52……たとえ話

前章までで、マタイによる福音書が伝えているイエスの教えの肝心な部分は、ほぼすべてである。福音書はほかに、マルコによるもの、ルカによるもの、ヨハネによるものがあるが、教えの内実としては、ほとんど変わらない。どれもマタイの福音書で確かめた教えからの派生、ないし、言い換えとして説明できる。

ただ、マタイによる福音書の内容を網羅してイエスの教えのすべてを取り挙げて説明したと言い切るためには、いくつかの「たとえ話」がまだ残っている。

とはいえ、すでに取り挙げた「狭い門」によって教えを実行するむずかしさ、あるいは、教えを正しく学ぶむずかしさを説明しているものも、たとえ話による説明だと言える。むしろイエスは、ほとんどの教えを何らかの「たとえ」で説明している。だから、ここで「肝心の部分」と「たとえ話の部分」に区別して、これまでの説明を前者の説明、これからの説明を後者の説明とすることには、いささか無理がある。

ただ著名なたとえ話がいくつもあるので、やはりそれはそれで説明する必要があるだろう。とりあえずここからは、イエスが、教えを何に譬えているか、ということに目を向けて説明することにする。

53……天に宝を積む

あなたがたは自分の利益をもとめて地上に宝を積んではならない。そこでは、虫が食い、さびがつき、泥棒が忍び込んで盗みをはたらく。あなたがたは自分のために、天に宝を積みなさい。そこでは虫が食うことも、さびがつくことも、泥棒が忍び込んで盗むこともない。あなたの宝があるところに、あなたの心もあるからである。(マタイ6:19-21)

イエスは地上に財産を保持することを戒めている。地上の財産は目減りすることがあり、使わなければ無駄になり、またそれを盗もうとするものが現れるからである。それは、結局、本当の利益にはならない。むしろ心に不安を生じ、場合によって実際の不利益を生じる。本当に自分の利益になることを考えるなら、天に自分の財産を積みなさいと言う。「天」というのは、「地」からは見えないところである。それは「自分の心にしか見えないところ」であり、それはまた「神の教えにしたがって動いているところ」である。

ところでまた、「宝」とは「自分が大切にするもの」である。イエスは「教えを聞いているもの」に対して「あなたがたは」と言っている。したがって、「その教え」が「聞いている人にとっての宝」である。教えとは、言うまでもなく「悔い改めなさい」という教えである。そしてそれを「積む」とは、折々にそれを実行することである。したがって、天に宝を積むとは、「自分が大切にしなければならない教えの内容を、他人が見えないところで何度も、繰り返し、実行してゆく」ことを意味している。

そして「自分の宝が在るところが、自分の心のはたらきが在るところ」だと言う。イエスの教えは、心をいかにはたらかせるべきか、という教えである。身体をはたらかせて生きることばかり考えていた人間は、その裏で自分の心がはたらいていることを見落としている。しかし、例えば宝石など、地上の宝は、そのような人であっても思わず目を向ける対象である。

それに対して天上に積む宝は、「心の目を振り向けるべき対象」である。「大切だ」、「貴重だ」と、心が思えば、自然と、心の目はそちらに向かう。それゆえ、「天の宝」とは、悔い改めた心が「思わず向かうもの」である。それは悔い改めた心が味わう幸福である。

54……目は体の灯火

「目は心の窓」とか、「目は心の鏡」とか、言われる。この場合、瞳の輝き方、瞳の澄み具合にその人の心が現れることを意味する。じっさい、顔は笑みを浮かべていても、その目の中心にある瞳は、相手のようすを窺っていることがある。相手をだますためか、それとも、たんに相手を恐れてのことか、意図は分からない。しかし、周囲の人々の評価に敏感にならざるをえない人の目は、このようになりがちである。すなわち、周囲の人がもつ社会的評価のみに頼って生きる生き方を人が選んでいれば、このような目の動きをもつことは避けられない。

イエスは「生まれたままの自分の心」を取り戻して、それに頼って生きる生き方を教えている。生まれたままの自分の心を取り戻すなら、態度も行動も、心に思ったことがそのまま実行に移される。したがって顔が笑っているときは、心はすでに笑っている。そこに不一致はない。

ところで、心が心のままに正しい思いをもち、それを実行することができるなら、心は正しい働きをしている。そして正しい働きをしているなら、その心は「善くはたらいている」。心が善く働いている状態は、心が美しく幸福な状態にある。それゆえ、その心は「自分自身にのみ頼って」幸福であるから、他者の評価に左右されない。したがって自分自身の心を良く美しい状態から自分自身が翻すことがなければ、つねに幸福である。そして心が幸福なら、その心は「明るい」。

イエスは、この心の明るさを、澄んだ目の内に在る「灯火」と呼んでいる。

目は心の灯火である。もしあなたの目が澄んでいれば、あなたの全身が明るい。しかし、あなたの目が悪ければ、全身が暗い。もし、あなたの中にある光が闇であれば、その暗さはどれほどだろう。（マタイ6：22–23）

明るい心の目は澄んでいる。そうであれば、身体を通した行為も明るい。つまりその行動は、だれが見ても「善いもの」である。他方、悪い思いを懐く心があれば、その目も悪いものに引き付けられる。そうであれば、その身体行動は他者の目を盗む「陰に隠れた」もの、暗いものになる。ところで、あなたの心が灯火として見出しているものが、じつは「闇」であるとしたら、つまり自分の心が引き付けられるものが、じつは本性的に「悪いもの」であるとしたら、天の国の門は狭いと言われているのだからなおさらのこと、その闇のなかで救いの門を見つけることは、とてもできそうにない。絶望的だと言う。

55……神と地上の富

イエスは言う。

人はだれも二人の主人に兼ね仕えることはできない。一方を憎んで他を愛するか、または一方に親しみ、他方を疎んじるか、どちらかである。あなたがたは神と富との両方に兼ね仕えることはできない。（マタイ6：24）

この説明が「たとえ」であるのは、「仕える」という「主人と奴隷との関係」において言われる言葉を、「神と自分との関係」と「集団社会の経済と自分との関係」の両者に当てはめているからである。神を主人として仕えることは、言うまでもなく、神を信じてその教えにしたがって生きることである。自分の生死は、主人である神にまかせて生きることである。

他方、文明社会は富ないし財貨を価値あるものと見なして、それを得るためにはたらくことで、人が生活できる世界である。人は文明社会のこの教えにしたがうことで、この社会に生きることができる。ところで、財貨を求めて生きる人間は、目標とする財貨の多少にしたがって生きる人間である。この生活においては、神を信じて生きることはできない。なぜなら、財貨の多少に従うことは、分業体制の内で生きることであり、生死についても人間社会の専門家の判断を頼りに生きることだからである。したがってこの生活では、神に生死をまかせて生きることはできない。

日本では、よく「自己責任」と言われる。しかしその言は、神に対する責任ではない。問われているのは社会に対する責任である。つまり社会には法が定めた秩序があり、その秩序にしたがった行動を取らなければ、あるいは、それぞれの専門があり、その専門の知識に配慮して行動しなければ、当人が陥った不運は社会の側の責任ではない、というのが、「自己責任論」である。人間と社会の関係のなかで、社会がゆるす程度に、「あなたは社会の教え（ルール）に従って生きているかどうか」、その認識を、社会が人に要求していることを意味している。

つまり利益を求める社会は、社会を構成する各自が「社会」（他者）のために、社会が示す法に忠実に、各自の利益を求めて生きることで、社会全体の財貨を蓄積する。そしてこの財貨は、社会秩序の上位の人間が支配する。文明社会の法は、この目的が達成できるように定められている。そして社会は、この法を遵守できる人間かどうかで、社会に対して正しく責任をはたしている人間かどうかを判断する。

56……羊の衣をまとった強欲なオオカミ

イエスは、偽預言者について、言っている。

偽の預言者を警戒しなさい。彼らは羊の衣をまとってあなたがたのところへ来るが、正体はオオカミである。（マタイ7：15）

イスラエルの民の祖先は羊を遊牧していた。また当時も羊を遊牧して暮らす人たちが多く居た。そしてオオカミは、夜陰に乗じて大事な羊を襲う恐ろしい動物だった。羊飼いは夜も眠らず、羊の群れのそばで警戒して休んでいた。したがって今でもヨーロッパ、アメリカでは、オオカミは「強欲な悪者」であり、羊飼いは「面倒見のいいやさしい人」と受け止められている。ちなみに羊飼いは英語で「ステュワード」、その精神は「ステュワードシップ」と、よい意味で言う。日本は農耕が主要だったので、オオカミはむしろ作物を食べてしまう草食動物を追い払ってくれる「大いなるカミ」だった。

したがって、イエスのたとえは、当地の文化的背景で言える内容であって、その点では限定された意味しかもたない。しかしそのことを踏まえるなら、普遍的な教えである。つまり偽物に注意しなければならない、外見で本物であるかどうかを判断してはならない、と言っている。教えに従う素直さが大事だと言っても、その教えが本物であるかどうか、あらかじめそれを見分けられなければならない。しかし、羊の革を被ったオオカミは、オオカミには見えない。やさしい羊に見える。その羊は周りの羊の行動に左右されて、右往左往する。したがって、周囲のやさしい羊は本物を見分けることを教えてくれない。だから、よくよく注意しなければならない、というのである。

しかし、これは教えの肝心なところではない。預言者を見分ける能力は、自分が天の国に入る条件ではないからである。なぜなら、本物かどうかの区別ができずに偽預言者にだまされても、だからと言って神の教えを学ぶことができないとは言えない。だまされても、それに気づいて我に返ることができれば、本当の神の教えを学ぶことはできる。しかし、だまされないに越したことはない。そして騙されないようにするためには、人の心を見分ける力をもたなければならない。そしてその力は、天の国の教えを見分ける力と同じである。

57……迷い出た羊

ルカによる福音書（15：4-6）、およびマタイによる福音書に（18：12-3）に取り挙げられた著名な話がある。マルコによる福音書にはない。群れから迷い出た一頭の羊が見つけられ、人々の間に祝祭があるという話である。

一〇〇匹の羊の群れから一匹の羊が迷い出て、群れに戻れなくなった羊を、羊飼いの男が残りの九九匹をその場に置いたまま、懸命に探し出して見つけ出すと、そのまま群れに戻したのではなく、人々に声をかけて、その羊が見つかったことをみなに喜んでもらった、それが神の国のようすである、という、神の国のたとえ話である。たぶん、普通の日本人なら、何のことかと疑問に思うだろう。

しかし、想像するに、この話は使徒パウロが、伝道中に、自分がキリスト教徒になったときのことを話した中で、自分がキリスト教会に救われたことを、たとえ話にしたものだと思われる。すなわち、「迷い出た羊」は熱心なパリサイ派ユダヤ教徒であったときの自分であり、そんな自分をキリスト教徒に見つけ出してもらい、キリスト教会の人々のところに連れて行ってもらったとき、自分は教会の人々に歓迎してもらった。その喜びを、牧羊者のキリストに見つけてもらい、神の国に迎えられた喜びとしてパウロは話したのではないだろうか。

「たとえ話」は、もとはイエスの教えを分かりやすく伝えるために作られた話である。洗礼者ヨハネとイエスがもっていた話がいくつかあったが、伝えられていた話だけでは足りずに、多くの話が弟子たち、とくに使徒パウロやほかの使徒たちによる伝道の経験から新たに作られたと、考えられる。当然そこには作り手のイエスの教えについての理解が現れるが、同時に、作り手の個人的思想が現れる。それを想像してみることは、おそらく福音書のそれぞれの性格を推し量るうえで必要なことだろう。

58……良い木は良い実を結び、悪い木は悪い実を結ぶ

かつてヨハネは、「悔い改めにふさわしい実を結べ」(マタイ3：8)と言い、「良い実を結ばない木はみな切り倒される」(マタイ3：10)と言っていた。

おそらくイエスもほぼ同じ意味で次のように言う。

あなたがたは彼らの結ぶ実を見て、その正体を見分けることができる。いばらからブドウを、アザミからいちじくを採取することはできるだろうか。すべて良い木は良い実を結び、悪い木は悪い実を結ぶ。良い木は悪い実を結ぶことはできない。また悪い木は良い実を結ぶことができない(マタイ7：16-18)

たしかに、おいしい実をつける木は翌年からもおいしい実をつけてくれる。他方、おいしくない実をつける木は、翌年もおいしくない実をつける。これはいつまで経っても変わらない。したがっておいしい実をつけない木は農民によって切り倒されてしまう。イエスは、ブドウやイチジクの木は、おいしい実をつけ、いばらやアザミは、おいしくない実をつけると言っている。農民はそれを知っているから、おいしくない実をつける木を伐り、おいしい実をつける木を植えようとする。

木の実については、このように人は知っているのだから、ほかのことについても、万事、同じよ

うに判断して、偽預言者にもだまされないようにしなさいと言う。

以上をもう少し一般化すれば、人の行動、言動の良し悪しから、その原因である心の良し悪しを判断することができるということだ。イエスによれば、これが人について良し悪しを判断する根拠である。それはまた、おそらくヨハネが教えていたことである。悪い言動、不正な行動は、その原因である心が悪いことから、すなわち、心が正しくないことから生じている。したがって、その人が正しい人であるかどうかは、その人の言動、日頃の行為を見ていれば、自ずと分かると言うのである。心は容易に改まることがないので、悪い人は、繰り返し悪いことをしている。口では反省して見せても、容易に心を改めることはできないから、悪事を指摘されても、続けてしまう。悪事を止め、根本的に反省することができるようにしなければならない。それが、悪い木は切り倒して、良い木を植え直すと言われていることである。

59……み旨を行う

わたしに向かって、「主よ、主よ」と言う者が皆、天の国に入るのではない。天におられるわたしの父のみ旨を行う者だけが入るのである。（マタイ7：21）

人はしばしば神を「主人」と呼ぶことによって、自分が神をたたえ、奴隷ないし雇われ者として神に従順に付き従っているところを見せようとする。そうすることで神を喜ばせることができると思っている。ちょうどある人を「社長」と呼ぶことで、その人の機嫌を取ろうとするように。しかし、神はそんなことで喜ぶほど愚かではない。あくまでも神がしてほしいことをすることによって、神は喜び、天の国に迎えてもらうことができる。

さらにイエスは言っている。

裁きの日には、多くの者がわたしに言うであろう。「主よ、主よ、わたくしたちはあなたの名によって預言し、あなたの名によって悪魔を追い出し、あなたの名によって多くの奇跡を行ったではありませんか」と。そのとき、わたしは彼らにはっきり言おう。「わたしはお前たちをまったく知らない。悪を行う者ども、わたしから離れ去れ」と。(マタイ7:22-23)

「あなたの名によって」行われた預言、悪魔祓い、奇跡の数々の行為が、「悪い行為」として神によって退けられている。つまり自分の行為を「神の行為」と語ることは、嘘をつく行為であり、勝手に神の名を用いる欺きである。そういう悪い行為を行う者は、神は自分とは無関係なものだと言う。なぜなら神は悪ではなく善であるから、神は悪の因果関係とは、いっさい結びつかないからである。すなわち、前述のように、悪い結果は悪い原因と結びついており、関係しているが、悪い原因は良い結果とは結びつかず、関係をもたない。同様に、善い原因は善い結果とだけ関係し、悪い結果とは関係しない。

ところで、知ることと、知られることの間にも「関係」がある。だれかに知られるためには、そのだれかと関係がなければならない。神に知られるためには、神との間に関係がなければならない。ところで、善いことを行うことは、善いことの因果関係が生ずることである。すなわち、善いことを行うことは、善い原因との関係が生ずることである。他方、悪いことを行うことは、善い原因との関係を失うことである。それゆえ、つねに善い原因である神に、悪いことを行う者は、関係をもつことがない。それゆえ、悪いことを行う者は、善いことの原因である神に知られることはない。他方、善いことを行う者は、善いことの原因である神に関係する。それゆえ、善いことを行う者は、神に知られている。

さて、この話が「たとえ話」であるかどうか、気になる読者が居るかもしれない。しかし、この話は、神を具体的に登場させて「神が話す」場面をもっている。つまり、これは「たとえば」と言って、具体的な事態を想像させている説明である。それゆえ、やはりたとえ話と考えられる。

60……岩の上に家を建てる

以上のわたしの言葉を聞いて実行する者はみな、岩の上に家を建てた賢い人にたとえられる。雨が降り、大水となり、風が吹いて、その家を襲ったが、倒れなかった。その家は岩の上に土台を据えていたからである。しかし、わたしの言葉を聞くだけで実行しない者は、砂の上に家を建てた愚かな人にたとえられる。雨が降り、大水となり、風が吹いて、その家に襲い掛かると、家は倒れ、その倒れようはひどかった。（マタイ7：24‐27）

ギリシア語で「ペトラ」は「岩」、「ペトロス」は「石」。前者は女性名詞、後者は男性名詞の違いがあるが、同類の語である。弟子のシモンが「ペトロ」とあだ名され、イエスの死後、キリスト教会の頭となる。つまりキリスト教会はペトロが土台となって建てられた教会である。このことは、上記したように、イエスが「家を岩（ペトラ）の上に建てる」ことを教えたことがもとになっている。

しかし、イエスが教えている上記の内容は、「教えを聴いただけでなく実行する者」を、「岩の上に家を建てた賢い人」にたとえている。イエスは、教会の建て方を教えているのではない。すなわち、家の建て方のたとえで教会の建て方を教えているのではない。後者の意味で上記の内容を受け取ったのは、あくまでもイエスの死後、弟子たちがイエスを偲んで教会をつくったときである。わたしたちは本来の意味を探っておかなければならない。

さて、イエスは、「教えを聞いた後」の人を二つに分けている。「教えを実行する者」と、「実行しない者」である。そしてこの二つを、「岩の上に家を建てる人」と「砂の上に家を建てる人」にたとえている。前者は「大水、強風にさらされたとして」も「倒れない人」、後者は同じ場面で「倒れる人」である。そして、それゆえに、前者は「賢い人」であり、後者は「愚かな人」である。

この両者にとって、聞いた教えは同じである。違いは、それを実行するか、しないかである。したがって、「家」は「教えの内容」をたとえている。「教会」ではない。そして「岩の上に建てる」ことが「実行する」ことのたとえである。「砂の上に建てる」ことが「実行しない」ことのたとえである。前者は「倒れない」。後者は「倒れる」。前者は「賢い」。後者は「愚か」。「教えの内容」は、すでにイエスの教えとして分析してきたものである。

おのれの罪を悔いて心を改め、その心で考え、判断して行動する。分業体制の経済活動から離れる。金銭に頼ることがない貧しい者となる。地の塩、世の光となる。十戒を、心の保つべき指針としてすべて成就する。人に対して怒らない、人を悪く言わない、人をばかにしない。異性を、情欲を懐いて見ない。結婚したら離縁しない。誓わない。悪人の悪行に逆らわない。悪人の求めにも応じる。相手が正しくない者であっても、敵であっても、正しいこと、善いことをする。善行は隠れてする。祈りは見えないところで行う。人のあやまちを何度でもゆるす。断食をしたとき暗い顔を見せない。人には見えないところに大切なものを積む。神を信頼して金銭を信頼しない。明日を思い煩わない。今日を大切にする。人を裁かない。天の国の門を求め、それを捜す。天の国の門を見つけたら叩いて開く。その門に至る道も、その門から天の国に至る道も、狭くて、見つける人は少ないと心得ておく。偽預言者の見せる外見にだまされない。人の行為から人の良し悪しを見分ける。

以上のことが「教えの内容」であるから、それを「実行する」ことが、「岩の上に建てる」ことだと、イエスは教えている。「岩」が「しっかりした土台」であることは明白である。他方、「教えの内容」が、外見からは隠れて見えない「心の姿」、「心のはたらき」についてのものであることも明白である。したがって、「岩」とは、「自分の心のはたらき」であると推測される。そしてそうであるなら、「砂」とは、それと対立するものでなければならない。「自分の心のはたらき」に対立するものは、揺れ動く「他者の心のはたらき」である。

「砂」は動きやすいものである。自分の心を不動のものとしようとしても、他者の言動に自分の心が動くなら、他者の言動に合わせて自分の心は動くほかない。自分が「動かさない」ことができるものは、さまざまな心の中で、「自分の心」のみである。したがって、「岩」とすることができるのは、「自分の心」のほかない。

したがって、「家を岩の上に建てる」とは、「自分の心の上に教えを建てる」ことである。しかし自分の心を「岩にする」ためには、自分の心を「岩」のごとく、教えにしたがって、しっかりとさせることが必要である。そのために、「悔い改め」が繰り返し行われなければならない。

61……種まきのたとえ

マタイによる福音書のうちで「たとえ話」と呼ばれて編集されている代表的なものは、種まきのたとえ話である。イエスはたとえ話とその解釈の両方を述べてくれている。

種をまく人が種をまきに出て行った。まいているうちにある種は道端に落ちた。すると鳥が来てそれらをついばんでしまった。また別の種は土の薄い岩の上に落ちた。そこは土が深くなかったために、芽はすぐに出たが、日が昇ると根が無いので焼け枯れてしまった。また別の種はいばらの間に落ちた。やがていばらが伸びて、それらを覆ってしまった。また別の種はよい土に落ちて実を結び、あるものは百倍、あるものは六十倍、あるものは三十倍となった。聞く耳

のある者は聞きなさい。（マタイ13：3－9）

文末が「聞く耳のある者は聞きなさい」となっているので、このたとえは、イエスが自分の話す教えについて、話している。つまり「種」となるものは、イエスの「教え」である。イエスはそれをさまざまな人に話してきた。そしてそれを聞いた人は各自、さまざまな心でそれを受け止める。教えは、それがまかれた心の様々な違いに応じて、さまざまな運命をたどった。そのたとえについて、イエス自身の説明は次のようであったという。

天の国のことばを聞いても、それを察知できない人は、どこからか労苦に苛まれて心をだめにされた者がやって来て、その心に播かれたものを容易に奪い取っていく。それが道端に播かれた種である。岩地に播かれた種とは、天の国のことばを聞いてすぐに感謝して喜ぶが、自分には根がないので、それは一時のことで、み言葉のために苦難や迫害が起こって、すぐにつまずいてしまう人のことである。いばらの中に播かれた種とは、天の国のことばを聞いたが、自分の一生のこれからの心配や富の欺きにより、天の国のことばが覆われ、実を結ばない種のことである。よい土に播かれた種とは、天の国のことばを聞くと、それを察知して、あるものは百倍、あるものは六十倍、あるものは三十倍の実を結ぶ種のことである。（マタイ13：19－23）

この説明の内、「み言葉のために苦難や迫害が起こって」という文句は、イエスの死後の伝道に際して使徒たちに起きた苦難や迫害の経験から付け加えられたのではないかと、わたしには思える。したがって、この部分は抜いて考えるほうがよいだろう。

イエスは、自分がまいている種について、まかれた種が偶然にたどる運命を語っている。それがどのような運命をたどるか、イエスは聞いた人間の心のせいにしているわけではない。ただざまざまな事情で、種をまかれた心がさまざまな性質をもち、そのために、おのずと、種が奪い取られたり、芽を出すことができなかったり、すぐに枯れてしまったりするのだと、言う。そして、たまたま「善い性根をもち、おのれの経験を、ちょうど畑の土を栄養のある土地にしている農民のように、おのれの経験を通じて心をよく育ててきた人の耳に入ったなら」、その種は芽吹き、育って、しばらくして実を一〇〇倍に、あるいは六〇倍に、あるいは三〇倍に実らせるということである。

このたとえ話で、イエスはたくさんの種がむだになることを教えている。しかし、中には、いくつかの種が何十倍にもなることがあると言う。すなわち、天の国のことばが何十倍にも増える心に出合って、たまたまそこに播かれることがありうると言う。つまり天の国の教えのはたらきは、人の世にとってゼロか一か、つまり全く役立たないかそれともほんの少し役立つかの違いではなく、ゼロか一〇〇かの違い、つまり全く役立たないか、とてつもなく大きく役立つかの違いを生ずるものだと、言うのである。わたしたちは、イエスの教えが全く役立たない場面に出合うことのほうがはるかに多い。しかしだからと言って、その意義を過小評価してはいけない、ということである。

VI

人の子イエスとは

十字架上のイエス（ガメリン）

62……「エリ、エリ、レマ、サバクタニ」

十字架に掛けられたイエスが最期に大声で発したことばは、「エリ、エリ、レマ、サバクタニ」であったという（マタイ27：46[14]）。当時ヘブライ語で伝えられていた旧約聖書「詩編」のなかの第二二編のはじめの句をイエスが口にしたと考えられている。その意味は、「わが神、わが神、なぜわたしを見捨てるのか」である。

イエスは、これまで述べて来たように、ヨハネの跡を継ぎ、神に対する「悔い改め」を、身を賭してエルサレム市内の教会堂で教えていた。それは神への奉仕であったのだから、神がさまざまな恵み、救いの手を差し伸べてくれてもよさそうだった。それにもかかわらず、イエスは若くして十字架刑で死ぬ運命となった。だから、イエスが神に対して「なぜ」と、聞きたくなったのは、不思議ではない。むしろ持つべくして持った疑問を、自分が知っている一篇の詩の一句を使って、イエスは吐露したと、見るべきだろう。

しかし、このことばが、イエスがその最期の瞬間まで、自分を「罪びと」と考えていたことを示していたとすれば、彼が最期までヨハネの教えを忠実に守ったことを証ししていると、言うことができる。なぜなら、ヨハネは、心の内に起こるおのれの罪を、それがどれだけ些細であろうとも、見つけて「悔いる」ことが、神のみ前に出て、心を改めて生きるために必要なことであると、教えていたからである。

イエスは、その教えを忠実に、疑うことなく、すなおに受け取っただろう。したがってイエスは自分は罪を犯していると、最期の時まで、心の内で思い起こし、たびたび自覚していたに違いない。ところで、罪びととは神に見捨てられる人である。それゆえ、悔い改めていたイエスは、自分は「神に捨てられる」と観念しなければならないと、いつも覚悟していただろう。先に引用した詩の言葉は、天の国に入るために、その覚悟を、最期にイエスが声を振り絞って述べたものだと、考えることができる。

そうだとすれば、「神よ、なぜわたしを捨てるのですか」と叫んだイエスは、最期までヨハネの忠実な弟子であったと言うことができる。

63……イエスに従った人たち

使徒パウロは、ガラテヤの信徒への手紙（1：11-2：10）に、彼がキリスト教徒に回心したころのことを、いささか詳しく語っている。

パウロは、じつは回心したにもかかわらず、エルサレムの教会の噂を耳にしたからか、すぐにはほかの使徒たちに会いに行かず、三年後に尋ねたときも二人としか会わなかった。さらに十四年というときを置いて必要に迫られ、彼がエルサレムの使徒らを訪ねたこと、そのときも、彼らと緊張をはらみつつ話し、何とか争わずに済んだが、まるで薄氷を踏む思いだったという内々の、微妙な関係を、正直に、それでもぎりぎり語れないことが多いことを節々ににじませながら同じ教会の使徒たちとの関係を述べている。

わたしたちはこの記述から、イエスの弟子となった人たちには、じつに多様な人たちが居たこと、すなわち、誠実で従順なおとなしい人ばかりでは決してなかったことを、考えなければならない。なぜなら、一般的に言って生徒のようすから先生の人となりと教育がどんなものか、推察されるのがふつうだからである。そしてイエスは、彼らから「ラビ（先生）」と呼ばれていた。したがって弟子たちのようすから、イエスの人となりと教えのいったんを、うかがうことができる。

少し長くなるが、そのパウロの文を引用することから始めたい。

兄弟たち、あなたがたにはっきり言います。わたしが告げ知らせた福音は、人によるものではありません。わたしはこの福音を人から受けたのでも教えられたのでもなく、イエス・キリストの啓示によって知らされたのです。

あなたがたは、わたしがかつてユダヤ教徒としてどのようにふるまっていたかを聞いています。わたしは、徹底的に神の教会を迫害し、滅ぼそうとしていました。また、先祖からの伝承を守るのに人一倍熱心で、同胞の間では同じ年頃の多くの者よりもユダヤ教に徹しようとしていました。しかし、わたしを母の胎内にあるときから選び分け、恵みによって召し出してくださった神が、御心のままに、御子をわたしに示して、その福音を異邦人に告げ知らせるようにされたとき、わたしは、すぐ血肉に相談するようなことはせず、また、エルサレムに上って、わたしより先に使徒として召された人たちのもとに行くこともせず、アラビアに退いて、そこから再びダマスコに戻ったのでした。

それから三年後、ケファと知り合いになろうとしてエルサレムに上り、十五日間彼のもとに滞在しましたが、ほかの使徒にはだれにも会わず、ただ主の兄弟ヤコブにだけ会いました。わたしがこのように書いていることは、神の御前で断言しますが、嘘をついているのではありません。その後、わたしはシリアおよびキリキアの地方へ行きました。キリストに結ばれているユダヤの諸教会の人々とは、顔見知りではありませんでした。ただ彼らは、「かつて我々を迫害したものが、あの当時滅ぼそうとしていた信仰を、今は福音として告げ知らせている」と聞いて、わたしのことで神をほめたたえておりました。

その後十四年たってから、わたしはバルナバと一緒にエルサレムに再び上りました。その際、テトスも連れて行きました。エルサレムに上ったのは、啓示によるものでした。わたしは、自分が異邦人に宣べ伝えている福音について、人々に、とりわけ、おもだった人たちには個人的に話して、自分は無駄に走っているのではないか、あるいは走ったのではないかと意見を求めました。しかし、わたしと同行したテトスでさえ、ギリシア人であったのに、割礼を受けることを強制されませんでした。潜り込んできた偽の兄弟たちがいたのに、強制されなかったのです。彼らは、わたしたちを奴隷にしようとして、わたしたちがキリスト・イエスによって得ている自由を付けねらい、こっそり入り込んで来たのでした。福音の真理が、あなたがたのもとにいつもとどまっているように、わたしたちは、片ときもそのような者たちに屈服して譲歩するようなことはしませんでした。―この人たちがそもそもどんな人であったにせよ、それはわたしにはどうでもよいことです。神は人を分け隔てなさいません。―実際、そのおもだった人たちは、わたしにどんな義務も負わせませんでした。それどころか、彼らは、ペトロには割礼を受けた人々に対する福音が任されたように、わたしには割礼を受けていない人々に対する福音が任されていることを知りました。割礼を受けた人々に対する使徒としての任務のためにペトロに働きかけた方は、異邦人に対する使徒としての任務のためにわたしにも働きかけられたのです。また、彼らはわたしに与えられた恵みを認め、ヤコブとケファとヨハネ、つまり柱と目されるおもだった人たちは、わたしとバルナバに一致のしるしとして右手を差し出しました。それで、わたしたちは異邦人へ、彼らは割礼を受けた人々のところに行くことになったのです。ただ、わたしたちが貧しい人たちのことを忘れないようにとのことでしたが、これは、ちょうどわたしも心がけてきた点です。（ガラ1：11－2：10）

引用の第一段落でパウロは、自分が第一回伝道旅行で伝道した小アジア中央付近のガラテヤ地方の教会員（兄弟と呼んでいる）に対して、自分の伝道内容（福音）は、真にキリスト・イエスのものであり、キリスト・イエスによって啓示されたものだと言っている。

第二段落でパウロは、むかしは自分が熱心なユダヤ教徒でキリスト教徒を迫害していたこと、しかし神によってキリスト・イエスを知らされ、回心し、熱心なキリスト教徒となり、その伝道に強い意欲をもって始めたこと、しかしそれは家族親戚に相談してのことではなかったこと、なおかつキリスト教会の中核（原点）であるエルサレム教会を訪ねようとはしなかったこと、むしろ荒地の多いアラビア地方を訪ねたこと、それから戻る途中もエルサレムに寄ろうとせず、ダマスコに直接戻ったことを述べている。

回心とキリスト教伝道に従事することを家族にも相談しなかったとすれば、パウロの生活はユダヤ教徒のときから家族親戚には不評であったことがわかる。おそらくパウロの親戚はユダヤ教にしろキリスト教にしろ、彼がローマの宗教以外の宗教活動にのめり込むことを快く思っていなかったのだと思われる。なおかつ彼はローマ市民権を持っていた。したがって家族親戚一同が、ローマの支配圏のなかで守られた金持ちか、身分のよい人たちであったことが想像される。

そして彼がキリスト教徒になり、熱心な伝道を始めようとしていながら、まずは信仰上の先輩であるエルサレムの人たちに会いに行こうとしなかったことがある。その理由は、エルサレムから聞こえてくる噂が自分の期待とは反対のものだったからに違いない。アラビア地方へ足をむけたのも、決心がつかない中での修行のつもりだったのかもしれない。

ダマスコに帰っても、やはりすぐにはエルサレムに上らず、おそらく三年間逡巡を繰り返したうえで、悪い噂をもたないケファ（シモン・ペトロ）を訪ね、そこに十五日間だけ滞在し、その間にイエスの兄弟のヤコブとだけ会ったと、第三段落で言っている。

おそらく滞在中にケファから、ヤコブは信頼できる人だと教えられたのだろう、またケファの話からパウロは、ケファが教会の運営においてヤコブに頼っていることがわかったのだろう。パウロはケファとヤコブと知り合うことで、自分がキリストの福音の伝道に従事してもよいという感触を得ただろう。それをおそらくたしかめるために、ダマスコより北に向かい、シリア地方（アンティオキア市付近）、さらに北のキリキア（タルソ市付近）を訪ね、最近になってユダヤ教からキリスト教に回心したユダヤ人たちに会い、彼らに自分の思いを話したのだと思われる。すると、思いのほか理解を得ることができたという。つまり彼らはパウロの回心を喜んでくれたという。

パウロが本格的に異邦人への宣教を開始したのは、この文からすると、それからのことだったと思われる。使徒言行録（11：22-26）によれば、エルサレムからバルナバという人がアンティオキアにやって来て、パウロの噂を聞き、タルソまで行ってパウロを連れ戻し、アンティオキアで、二人で熱心にキリストの福音を教えたという。そしてその後、二人は一緒に小アジアに第一回伝道旅行に出かけた。

第四段落によれば、この旅行から帰ったあと、パウロは、バルナバとギリシア人のテトスをともなって、ついにエルサレムを訪ね、エルサレムの教会会議に出席したという。それは十四年後のことだったという。

使徒言行録（15：1および5）によれば、ユダヤ教パリサイ派からキリスト教信者となった人たちが、「モーセの律法にしたがって異邦人であっても割礼を受けなければならない」と強硬に主張したので、異邦人に伝道していたパウロは、エルサレムに出向き、それをはっきりと否定しなければならなかったのである。異邦人へのパウロの伝道を止めようとした人物とは、上記の第四段落で、パウロが「潜り込んできた偽の兄弟たち」と呼んでいる人たちである。パウロにとってキリスト教は世界宗教だが、偽の兄弟たちは、キリスト教はユダヤ民族の宗教だと信じている

結局、パウロは、エルサレム教会のおもだった人物から割礼なしに異邦人に伝道することの許しを得ることができた。ただ「偽の兄弟を分け隔てた」パウロは、それでも自分に言い含めるように、「神は人を分け隔てなさいません」と言っている。キリスト・イエスも神である。したがって、この言葉は「イエスは人を分け隔てなさらなかった」という意味にとれる。

パウロの周囲で起きていたことは、言うまでもなくイエスの死後の出来事である。しかし、キリスト教会が厄介な人たちにも門戸を閉ざさなかった原因は、イエス自身の教え方にもあったと思われる。

じっさい、イエスが最初の弟子シモン（ペトロ）に声をかけたとき、つまり「ついて来なさい。人をとる漁師にしよう」と言ったとき、イエスとしては、湖で魚をとる漁師としては皆から役立たずと蔑まれているシモンに、「それならわたしについて来なさい。わたしの仕事には役に立つ人になれるだろう」というつもりだったに違いない。親に言われてやっていた漁師の仕事がどうしても性に合わなかったシモンは、それを聞いて、イエスのあとに付いて行ったのだろう。それを見ていたゼベダイの子ヤコブが、弟のヨハネを誘って勝手にイエスのあとに付いて行ったのではないかと、

思われる。福音書ではかれらにもイエスが声をかけて呼び出したとなっているが、怪しいと思う。イエスの死後、事実を知らないみなに、ヤコブが自分たちもイエスに呼ばれたと言ったのではないかと、わたしは推測する。

何しろゼベダイの二人の子（ヤコブとヨハネ）は、母親に頼んで、イエスに「自分たちの子らをあなたの右と左の席につかせてほしい」と、言ってもらっているからである（マタイ20：20－21）。イエスは「何を自分たちが言っているかわかっているのか」と苦言を呈している（同22）。ただし、二人の内、この提案の首謀者は兄のヤコブのほうだろう。なぜなら弟のヨハネは、パウロにも信頼されたことは、先に引用した教会会議の話から明らかである。ゼベダイの子ヤコブは、おそらく、「先生」と呼ばれていたイエスを利用して人の上に立つ人間に成って、一旗揚げようと考える野心を持ち続けた人だったのではないかと、推測できる。

じっさい、弟子たちの間で、しばしば「誰が一番偉いか」が論じられていた（マルコ9：34、ルカ9：46、ルカ22：24）。しかもヤコブは、イエスの死後、ヘロデ（・アンティパス）の兵士に殺されている（使徒言行録12：1－2）。おそらくヤコブは、熱心党員のシモンといっしょになってローマの支配に反抗して実際に剣をとって活動したのではないかと、疑われる。イエスが十字架刑に掛けられた理由の一つに、彼の弟子の中に熱心党員が居たこともあった可能性がある。

それゆえイエスは、自分の判断で弟子を選んだのではなく、付いてきたものを受け入れただけなのではないかと、思われる。そうでなければ、弟子の間でこれほど面倒な対立がしばしば生じて、それがイエス自身の死後にも続くことはなかったのではないかと、思われる。

そしてこれが意味することは、イエスの教えが、「人を選ばない」教えだ、ということである。金持ちだろうと、貧乏人だろうと、いささか暴力的であろうと、野心的であろうと、おとなしい人であろうと、気弱な人であろうと、すべてを受け入れる教えであったからこそ、使徒の間にも、これほどの違い、対立があったと、言うことができる。そしてそれは今日のキリスト教会に受け継がれている。

他方、この宗教も（ほかの宗教も一般に同じだと思われるが）、神ではなく、人間が教えるものでしかないために、悪い人を良い人に変えることはできず、ただ善い人をさらによい人に、まじめな人をさらに真面目な人にすることができるだけなのである。

つぎのことも明らかなように思われる。つまり戦争やテロを宗教が無くすことがむずかしいのと同様の理由で、戦争やテロの発生を特定の宗教信仰によると考えることは、おそらく間違っている。

註

(1)「福音」の原語「エウァンゲリオン」はギリシア語で「良い知らせ」を意味する。

(2)のちに(四世紀)ローマの皇帝の呼びかけで世界のキリスト教会の司教が集まり、宗教会議が開催され、信徒がもつべき信仰の内容が明確に規定された。ちなみにニカイア・コンスタンティノポリス信条は次のようである(ラテン語から拙訳)。

わたしは信じる、唯一の神を。全能の父、天と地、見えるもの見えないものすべての造り主を。

わたしは信じる、唯一の主、イエス・キリストを。神の独り子であり、父から、あらゆるものの前に生まれたことを。神からの神、光からの光、まことの神からのまことの神、造られたのではなく生まれ出た神、父と共存する実体であると。それを通してすべては造られたと。主はわたしたち人のために、わたしたちの救いのために、天より下りたもうと。乙女マリアから聖霊により体をもって生まれ、人となられたと。さらにポイティオ・ピラトの下でわたしたちのために十字架にかけられ、苦しみを受け、葬られ、聖書にある通り、三日で復活され、天に昇り、父の右に坐したもうと。栄光に包まれて再来し、生きているものと死んだものを裁くと。その国には終末は来ないと。

わたしは聖霊を信じる、主にして生命を与えるものであると。それは父から(子からも)生じたと。父と子と共に崇められ、預言者たちによって語られたと。一つの教会、聖なる教会、カトリック教会、使徒の教会を、わたしは信じる。わたしは諸々の罪のゆるしに導く一つの洗礼を認める。死者たちの復活と永続する来世の生をわたしは待ち望む。アーメン。

(3)「聖霊」は「隣人愛」である。ソクラテスは裁判の弁明で相手のことを思って問答を仕掛けるのは、「より多く、同じ市民に対して、なぜならあなた方はわたしにとって、より近しい人たちだから」（30A）と言っている。ここで「より近しい人」というギリシア語は、イエスが「隣人」と言っているときのギリシア語と同語である。

（4）紀元前一世紀の律法学者ヒレルは、内面を重視する立場を表明した。「君がしてほしくないことを他者にするな」が律法のすべての根幹で、他の律法はその解釈だと論じた。イエスの教えの源流になったと考えられている。

（5）原文は「野のゆり」であるが、口語訳や新共同訳など最近の邦訳は「野の花」としている。これは当時のイスラエルの人々が、さまざまな種類の野の花を区別せずに「ゆり」と言っていたことが分かったからである。じつはパレスチナの辺りは、園芸品種の原種を数多く提供する地域として有名なほど豊富な種類の花が咲く地域である。アメリカのカリフォルニア海岸、南アフリカと並ぶ世界の三大供給地域と言われている。

（6）このイエスの言葉の元は、ホセア書6：6にある。「わたしが喜ぶのは愛であって生贄ではなく、神を知ることであって、焼き尽くす献げ物ではない。

（7）マタイによる福音書5：17、5：26、6：16、8：10、11：11、16：28、18：3、18：18、18：19、19：23、19：28、23：36、24：2、24：34、24：47、25：45、26：13、26：21、26：34。

（8）申命記の成立についてはさまざまな議論があるが、一般に、紀元前七世紀のユダ王国のヨシア王の改革時前後に申命記の基本部分が成立し、バビロン捕囚期に加筆・改訂された（捕囚後にもさらに加筆・改訂されたかもしれない）と考えられている。十戒は申命記と出エジプト記にわずかに異なるかたちで出てくるが、最近の研究では、申命記のものが出エジプト記のものよりも古く、また、十戒はバビロン捕囚時に、律法の要約のようなかたちで、申命記にあとから付加されたのではないか、という意見も有力である（興味のある人は、オットー『モーセ』（教文館）やレーマー『申命記史書』（日本キリスト教団出版局）などを参照してほしい）。しかし私は後述のように、いささか違う考えを持っている。

（9）ただしレビ記20：19には、第四戒について「自分の父母を呪う者は必ず死刑に処せられる」とうたっている。

（10）ローマ支配下でユダヤは独立した国家にはなれなかったため、刑罰を実行する権利をもたなかった。しかも申命記などでも処分（罰）を求める内容は多くない。
(11)「子どもたちをわたしのところに来させなさい。妨げてはならない。神の国はこのような者たちのものである。アーメン。子どものように神の国を受け入れる人でなければ、決してそこに入ることはできない。」（マルコ10：14-15）
(12)旧約聖書続編のシラ書（集会の書）には、「むやみに誓いを口にするな」（23：9）とある。
(13)出エジプト記21：23、および、申命記19：21。
(14)マルコによる福音書（15：34）の記事では、「エロイ、エロイ、レマ、サバクタニ」とアラム語になっている。

あとがき

今回、この作品を仕上げるために、これまで目を通していなかった聖書の中のいくつかの書を読むことになった。新約聖書の一部はギリシア語を確かめた。ただ旧約聖書に関しては、死海文書の発見以来、新たな発見が続いている。聖書の専門家ではないので不備もあろうかと思うが、周辺の人間としては可能な限りの確認はしたつもりである。

この仕事を通じて、旧約聖書に盛られた知恵について最後に触れておきたい。以下、知恵の言葉を集めた旧約聖書続編、シラ書の一部を紹介する。

・多くの者が早合点して道を誤り、誤った推測で判断をゆがめてしまった。（3：24）
・悩んで助けを求める人間を拒むな。（4：4）
・貧しい人から顔を背けるな。（4：4）
・物乞いする人から目を背けるな。（4：5）
・不当に扱われている者を加害者の手から救い出せ。（4：9）
・知恵を愛する者は、命を愛する者だ。（4：12）
・知恵を得るには、しばらく苦労するが、やがてその実を味わうだろう。（6：19）

・悪を行うな。そうすれば、悪はお前を襲わない。(7：1)
・不正から遠ざかれ。そうすれば、不正がお前を避けるだろう。(7：2)
・権力者と争うな。彼の手に陥らないとは限らない。(8：1)
・金持ちとけんかするな。彼は金にものを言わせ、お前に立ち向かわないとも限らない。(8：1)
・愚か者と相談するな。(8：17)
・相手かまわず人に心を打ち明けるな。(8：19)
・できるかぎり隣人を見極め、知恵ある人と相談せよ。(9：14)
・子よ、慎み深く、自らに誇りを持ち、自分を、あるがままに、正しく評価せよ。(10：28)
・自分自身を汚す者を、だれが正しい人と認めてくれるだろうか。(10：29)
・自分自身を軽んじる者を、だれが重んじてくれるだろうか。(10：29)
・お前はこう言ってはならない。「今の自分は何の役に立つだろう。今役に立つとしたら、それは何だろうと」。(11：23)
・善人には与えよ。しかし悪人には援助するな。(12：7)
・人は、会ってみれば分かる。賢い人は顔を合わせてみればすぐ分かる。(19：29)
・多くの者たちは利益を求めて罪を犯し、裕福になろうと躍起になっている者は、悪いことに目をつむる。(27：1)
・石と石の間にくいが打ち込まれるように、ものの売り買いには、不正が入り込む。(27：2)

・陶工の器がかまどの火で吟味されるように、人間は論議によって試される。（27：5）
・樹木の手入れは、実を見れば明らかなように、心の思いは話を聞けば分かる。（27：6）
・鳥が類を求めて群れて休むように、真実も、それを行う者たちの所へ戻って来る。（27：9）
・陰口を気にすると、心穏やかではなくなり、平穏に暮らすことはできなくなる。（28：16）
・鞭で打つと皮膚が裂け、舌で打つと、骨さえ砕ける。（28：17）
・多くの人が剣の刃に倒れたが、その数は、舌の刃に倒れた人には及ばない。（28：18）

最後の二つを読んだ時、「舌禍」という言葉があるのを思い出した。インターネットのサービスが進み、便利になった反面、中傷、いじめ、排除のことばが、人を陰で殺し始めている。先年わたしたちが経験した「コロナ禍」では、たくさんの人が病気で死に、可能な限りの「謹慎」が生活に求められた。その一方で、爆発的なデジタル情報の量や速さによって、「舌禍」はとてつもない大きさの波となってわたしたちに襲い掛かるようになった。たくさんの人の心の背骨がへし折られている。この禍を抑え込むために、今や、知恵を育むための謹慎生活が、求められているのではないだろうか。

孔子の『論語』もいいが、わたしたちの生徒向けの道徳の教科書に、西洋の知恵がもう少し載せられてしかるべきではないだろうか。そして西洋の知恵の大きな源泉の一つが、『聖書』にあることを、わたしたちは真剣に再認識すべきだろう。つい「宗教色」に対する偏見が邪魔して、わたしたちは聖書がもつ信仰とは別の豊かさを見落としている。

わたしたちは、宗教色や政治色、あるいは経済的豊かさにとらわれずに、求めるべき真の「幸福」について、しっかりとした理解をもつべきなのである。そして知恵の力こそが幸福をとらえる力だということを、若い人たちにも教えておかなければならない。

この本が、いくらかでもそのことに役立つことを信じて、あとがきとしたい。

二〇二五年二月七日

八木雄二

八 木 雄 二 *Yuji Yagi*

1952年、東京生まれ。慶應義塾大学大学院哲学専攻博士課程修了。文学博士。専門はドゥンス・スコトゥスの哲学。現在、東京港グリーンボランティア代表。東京キリスト教神学研究所所長。著書に『スコトゥスの存在理解』（創文社）、『イエスと親鸞』（講談社選書メチエ）、『中世哲学への招待』『古代哲学への招待』（平凡社新書）、『「ただ一人」生きる思想』（ちくま新書）、『神を哲学した中世――ヨーロッパ精神の源流』（新潮選書）、『天使はなぜ堕落するのか――中世哲学の興亡』『聖母の博士と神の秩序――ヨハネス・ドゥンス・スコトゥスの世界』『哲学の始原――ソクラテスはほんとうは何を伝えたかったのか』『裸足のソクラテス――哲学の祖の実像を追う』『神の三位一体が人権を生んだ――現代思想としての古代・中世哲学』『ソクラテスとイエス――隣人愛と神の論理』『「神」と「わたし」の哲学――キリスト教とギリシア哲学が織りなす中世』『1人称単数の哲学――ソクラテスのように考える』『キリスト教を哲学する――隠されたイエスの救い』（以上、春秋社）など。訳書にドゥンス・スコトゥス『存在の一義性――ヨーロッパ中世の形而上学』（知泉書館）、『中世思想原典集成』（共訳、平凡社）など。

福音書を哲学する

キリスト教会の誕生とイエスの教え

2025年4月20日　第1刷発行

著者――――――八木雄二
発行者―――――小林公二
発行所―――――株式会社 **春秋社**
〒101-0021 東京都千代田区外神田 2-18-6
電話 03-3255-9611
振替 00180-6-24861
https://www.shunjusha.co.jp/
印刷――――――株式会社 太平印刷社
製本――――――ナショナル製本 協同組合
装丁――――――芦澤泰偉＋明石すみれ

ISBN978-4-393-32419-6
定価はカバー等に表示してあります

八木雄二
キリスト教を哲学する
隠されたイエスの救い

由来の違う様々な要素によるキリスト教の矛盾と混乱を認めつつ、哲学の立場から、罪、赦し、ペルソナ、自由意志と予定説といった難問を解析し、イエスの言葉の核心に迫る。

三五二〇円

八木雄二
天使はなぜ堕落するのか
中世哲学の興亡

神の存在証明と天使の堕落を軸に、現代哲学を先取りする知識論や経済の基礎たる利子の正当化など、中世哲学の豊饒な成果を、アンセルムスからオッカムまでいきいきと描く。

五二八〇円

八木雄二
ソクラテスとイエス
隣人愛と神の論理

プラトン以来誤解にまみれたソクラテスの実像を探求し、西洋思想を理解するために必須の前提知識をちりばめ、ソクラテスとイエスがともに説いた隣人愛と神の論理を明らかにする。

四九五〇円

八木雄二
「神」と「わたし」の哲学
キリスト教とギリシア哲学が織りなす中世

神の存在証明や普遍論争がなぜ大問題か。西洋と日本の言語構造の違いに着目し、アンセルムス、トマス、スコトゥスら中世哲学の思索をたどって西洋思想の本質をあぶりだす。

三〇八〇円

八木雄二
神の三位一体が人権を生んだ
現代思想としての古代・中世哲学

人権思想の始原は神学にあり。国家を支える一般意志を探り、ソクラテスの「無知の知」の誤解を解き、古代・中世思想に現代思想を超える知恵を発掘する刺激的な哲学の冒険。

三〇八〇円

▼価格は税込（10％）